Revue Gestion Juridique des RH

Année 2025

Volume 1

Numéro 9

COMITÉ SCIENTIFIQUE

Catherine COUTURIER, Ingénieure des mines, chercheure en sciences de l'éducation, spécialiste de pédagogie du supérieur, vice-présidente de l'Université d'Artois (France).

Clotaire MOULOUNGUI, maître de conférences hors classe, ancien membre du CNU, du jury des inspecteurs du travail, et Chef du département Gestion des Entreprises et des Administrations (France).

Marc RICHEVAUX, Maître de conférences hors classe, ancien membre du CNU, du jury des inspecteurs du travail, créateur d'une licence pro Métiers de la Gestion des Ressources Humaines (France).

Amel GUEHAIRIA, Professeure des universités à l'École Nationale Supérieure de Statistique et d'Économie Appliquée (ENSSEA), directrice du laboratoire de recherche sur l'Intégration Régionale et le Développement Économique (IRDE) (Koléa, Algérie).

Komlan ALEMAWO, Agrégé des universités, Doyen de la Faculté de Droit et des Sciences Politiques à l'Université de Kara (Togo)

Étienne NSIE, Agrégé des universités, Professeur à l'Université Omar Bongo de Libreville (Gabon), Directeur de thèses en France et au Cameroun.

COMITÉ DE RÉDACTION

Amel GUEHAIRIA
Marc RICHEVAUX
Clotaire MOULOUNGUI

DIRECTEUR DE PUBLICATION
Clotaire MOULOUNGUI

DIDACTIJURIS et Clotaire MOULOUNGUI
6, square du capitaine Guynemer
59960 Neuville-en-Ferrain
Didactijuris@yahoo.com

ISSN 3096-8152
ISBN 978-2-487740-39-6

Articles de ce volume 2025/1

Table des matières

Plan et pagination des articles

ISSN 3096-8152

Table des matières

ISSN 3096-8152

LES JETONS DE PRÉSENCE DE MEMBRES D'INSTITUTIONS COLLÉGIALES

Clotaire MOULOUNGUI
Maître de conférences hors classe à l'ULCO (académie de Lille)
Ancien Chef du Département Gestion des Entreprises et des Administrations
Responsable de la licence professionnelle Métiers de la Gestion et du Social

Résumé : Historiquement, les jetons de présence relevaient d'une volonté d'encouragement des associés et/ou des administrateurs à participer aux assemblées et/ou aux conseils d'administration. Mais cette logique normalement indemnitaire aura progressivement été remplacée par la cupidité et l'inégalité. Cela étant, quelle nature juridique reconnaitre aux sommes versées aux membres des structures collégiales ? Cet article examine ces divers points.

Mots clefs : Jetons de présence ; assemblées générales ; conseils d'administration ; absentéisme ; assiduité des dirigeants sociaux.

Abstract: Historically, attendance fees were intended to encourage partners and/or directors to participate in general meetings and/or board meetings. However, this normally compensatory approach has gradually been replaced by greed and inequality. That being said, what legal status should be recognized for the amounts paid to members of collegiate structures? This article examines these various points.

Keywords: Attendance fees; general meetings; board meetings; absenteeism; attendance of corporate officers.

§§§§§§§§§§§§§§§

Les origines et l'évolution des jetons de présence

1. – C'est au 19ème siècle que s'est intensifié l'engouement pour l'investissement dans les affaires. Il a surtout pris la forme d'une entrée au capital de sociétés industrielles et/ou commerciales. De fait, aux petites structures qui existaient jusque-là, dans lesquelles tous les apporteurs de capitaux se connaissaient personnellement, s'étaient rajoutées des milliers de sociétés anonymes (les S.A. ou SA). Les actionnaires y ignorent l'identité de leurs coassociés à cause de leur trop grand nombre et de leur dispersion géographique. En effet, certains d'entre eux, nationaux ou étrangers, vivaient hors de France. Dès lors, sans contrôle effectif sur les organes de gestion de semblables sociétés de capitaux, les économies de concitoyens (l'épargne publique) risquaient la dilapidation, le détournement, etc. D'où la loi du 24 juillet 1867 sur les sociétés commerciales. En vertu de celle-ci, les actionnaires pouvaient se choisir des commissaires aux comptes dont le rôle était de vérifier (notamment) le compte d'exploitation et le bilan de la société.

2. – Ces propriétaires de l'entreprise n'avaient pas à toujours agir par l'entremise seule de ces mandataires spéciaux. Effectivement, tous ensemble ils désignaient en outre les personnes chargées de la gestion courante, « *la structure des pouvoirs dans la société anonyme conférant aux seules assemblées générales les pouvoirs de nommer et de révoquer les mandataires sociaux* » (1). Du reste, ils pouvaient voter (en assemblée générale) quelles politiques seraient suivies par les

---

1) Dominique Schmidt, De quelques conflits récents au sein des sociétés par actions, La Semaine Juridique Entreprise et Affaires n° 7, 18 Février 2021, 1087.

dirigeants sociaux (2). Les préoccupations du législateur se sont révélées prémonitoires ; sachant par exemple que de nombreuses familles furent ruinées par la faillite de la société du canal de Panama (en 1889), ou bien par les emprunts russes (en 1920) (3).

3. – Malheureusement, les actionnaires sont loin d'avoir clairement perçu l'intérêt d'user de ces prérogatives de contrôle sur la marche de leur société anonyme. Certes, leur désintérêt pour l'administration de l'entreprise n'aboutissait pas systématiquement à la déconfiture de celle-ci. Par conséquent, des dividendes pouvaient échoir durant de longues années à ces actionnaires négligents. Toutefois, le fonctionnement de l'entreprise exigeait (exige) régulièrement des délibérations adoptées en assemblée générale. Or, les actionnaires ne daignaient pas vraiment se rendre à la salle

---

2) Leblond, Les pouvoirs respectifs de l'assemblée générale, du conseil d'administration, du président-directeur général et du directeur-général adjoint, dans la doctrine institutionnelle, Gaz. Pal. 1957. 1. Doctr. 29 ; Didier Martin, La démission des organes de gestion des sociétés commerciales, Rev. Sociétés 1973. 273 ; Arnaud Reygrobellet, Les pouvoirs de l'assemblée générale en matière de fusion, Rev. Sociétés 2016. 159 ; Xavier Delpech, Pouvoirs du bureau de l'assemblée générale des actionnaires en cas de franchissement de seuil, Dalloz actualité, 3 septembre 2018.

3) Renaud Thominette, Immunité de juridiction et irrecevabilité des demandes liées aux emprunts russes, D. 2006. 2476 : « *Les bons aux porteurs détenus par les demandeurs avaient tous été émis par des compagnies de chemin de fer russes, entre 1882 et 1914. […]. [Le 27 mai 1997 un accord pour solde de tous comptes a obligé]* « *la Russie à verser à la France une somme de 400 millions de dollars. […]. A charge pour le gouvernement français de répartir la somme globale entre ses ressortissants* ». Les portions reçues par les uns et les autres étant particulièrement faibles, les intéressés agirent en justice, dans l'espoir d'obtenir le doublement du capital débloqué par la Russie. Hélas, leur action n'a pu prospérer, compte tenu de l'immunité dont jouissent les États.

de réunion. Logiquement, leur absentéisme obligeait à reporter des évolutions pourtant nécessaires ; par exemple le changement de forme de la société, ou bien la modification de son objet social.

4. – Des actions plus courantes (annuelles) étaient également contrecarrées. On sait qu'à l'issue d'une année commerciale, les actionnaires (réunis en assemblée) doivent approuver les comptes de la société, et donner quitus aux administrateurs. À moins qu'ils croient opportun de plutôt saisir le tribunal correctionnel pour fautes de gestion (4). De plus, certaines délibérations sont strictement encadrées dans le temps ; ne pas les adopter expose la société (voire les dirigeants) aux rigueurs des lois et règlements (5). Certes, quand une première assemblée avorte, une seconde est possible, laquelle se satisfait juridiquement de la poignée d'actionnaires présents. La situation s'avérait alors parfois ironique ; car les actionnaires sont souvent (par ailleurs) des membres du conseil d'administration. Du coup, ce conseil se contrôlait lui-même, puisque l'assemblée générale se confondait avec lui.

5. – Qu'est-ce que les pouvoirs publics auraient pu inventer en vue de mieux amener les actionnaires à se préoccuper de leur propre investissement ? Normalement rien, à croire divers auteurs traitant du domaine voisin des contrats

---

4) Dominique Schmidt, De quelques conflits récents au sein des sociétés par actions, La Semaine Juridique Entreprise et Affaires n° 7, 18 Février 2021, 1087 : *« Cette étude revient sur les conflits internes à la société, c'est-à-dire opposant des actionnaires entre eux, des dirigeants entre eux, ou les premiers aux seconds. Elle distingue les conflits d'intérêts, les conflits sur la gouvernance et les conflits sur la stratégie de la société »*.

5) Christophe Delattre, Sanctions pénales du non-respect des obligations comptables d'une société commerciale, La Semaine Juridique Entreprise et Affaires n° 51-52, 21 Décembre 2006, 2841 ; Jean-Pierre Legros, Solidarité fiscale des dirigeants, Droit des sociétés n° 2, Février 2019, comm. 32.

synallagmatiques (6). Néanmoins, des sociétés entendirent fonctionner de la façon la plus sérieuse possible ; c'est-à-dire avec à la fois un conseil d'administration et une assemblée générale exerçant chacun ses pouvoirs légaux. Alors, pour neutraliser la négligence des actionnaires, et donc l'absentéisme corrélatif, ces sociétés décidèrent d'octroyer une récompense (les jetons de présence) aux actionnaires ; soit présents eux-mêmes à l'assemblée, soit qui y auront envoyé un représentant. Les jetons de présences apparaissent ainsi comme le prix à payer pour obtenir des présences (I.). Encore qu'ils n'existent plus sous cette appellation (7). Cela dit, les

---

6) Hugues LEMAIRE et Agnès MAURIN, L'opportunité d'une refonte du droit français des obligations, Defrénois 30 mai 2004, n° AD2004DEF0683N1, p. 683 : « *Un acquéreur de biens ou un bénéficiaire de prestations de services doit accepter que soit mis à sa charge une obligation de se renseigner. La protection d'un contractant ne doit pas être une fin en soi, mais plutôt correspondre à la réalisation d'un objectif. A trop l'oublier, on risque d'infantiliser les contractants* ». Philippe MALAURIE, Laurent AYNÈS et Philippe STOFFEL-MUNCK, Droit des obligations, LGDJ, coll. Droit civil, 2015 : « *Aujourd'hui, le juge (ou l'arbitre) est souvent sollicité, pour atténuer, modérer, inciter à négocier, voire même rééquilibrer l'obligation contractuelle. Cet interventionnisme judiciaire est facilité par l'essor de standards juridico-moraux : bonne foi, loyauté, équilibre, abus, ... Cette évolution est dangereuse, car le juge ne peut se mettre à la place des parties ; elle a tendance à « infantiliser » les contractants, qui pourront toujours trouver refuge auprès du juge, ce qui les dispense d'améliorer eux-mêmes le contrat, ou de prendre une décision* ».

7) Caroline Coupet, Loi PACTE : l'encadrement de la rémunération des dirigeants, Entre libéralisation et renforcement, La Semaine Juridique Entreprise et Affaires n° 26, 27 Juin 2019, 1319. À croire cette autrice, « *la loi PACTE supprime le terme « jetons de présence » du droit français. Jusqu'alors, c'est ainsi que les articles L. 225-45 et L. 225-83 qualifiaient la rémunération allouée aux administrateurs et aux membres du conseil de surveillance des SA. Toutes les occurrences de l'expression sont désormais supprimées, tant dans le Code de commerce que dans le Code monétaire et financier, et dans le Code général des impôts. Le terme « rémunération » y est substitué* ».

sommes en cause sont-elles un dividende, un salaire ou une libéralité ? C'est la question de la nature juridique des jetons de présences (II).

I. – Le prix en argent de la présence à une réunion

6. – Les jetons de présence avaient initialement une vocation incitative à la présence ; c'était l'assurance offerte aux participants aux assemblées générales de leur société qu'ils ne se trouveraient pas perdants par rapport aux absents (A.). Mais le montant et la raison de ces jetons ont évolué, révélant cupidité et inégalité (B.).

A. – Des jetons d'encouragement à la présence aux réunions.

7. – La crise économique américaine consécutive au jeudi noir traversa l'Atlantique et frappa tout aussi durement l'ancien monde alors encore convalescent de sa grande guerre. Plusieurs entreprises, qui avaient fonctionné sans boussole ou qui avaient manqué de sang-froid, tombèrent en faillite. Alors, pour un renouveau de l'économie française, les actionnaires devaient davantage s'impliquer dans la marche de leurs sociétés industrielles et/ou commerciales (confiées à des administrateurs). C'est une intervention au grand jour qui était attendue d'eux, dans le cadre d'assemblées générales, voire de conseils d'administration. Il est entendu que les interventions occultes, notamment par la manipulation d'hommes de paille, constituent au minimum la situation de dirigeant de fait (8). À cet égard, « *un texte spécifique (l'article*

8) L'intéressé endosse les responsabilités des dirigeants de droit, sans en contrepartie leurs avantages statutaires ou légaux. Concrètement, « *le dirigeant de fait doit être conscient que lorsqu'il place un proche en tant que gérant « de paille » à la tête de « sa » société, comme c'était le cas dans la présente affaire puisque Mme G. avait été nommée gérante alors qu'elle*

L245-16 du Code de commerce) sanctionne expressément la commission des infractions du droit des sociétés commerciales par un dirigeant de fait » (9). Pour persuader les actionnaires de se retrouver dans ces enceintes où les décisions essentielles de leur entreprise doivent se prendre, les praticiens songèrent à la mise en place d'une incitation patrimoniale : le versement de jetons de présence aux actionnaires présents ou représentés.

8. – Encore aujourd'hui, les sommes correspondantes préservent les présents d'une perte d'argent ; faute de les enrichir immédiatement. C'est en ce sens que le professeur Yves Guyon disait que « *de nombreuses sociétés cotées se sont donc efforcées de rendre les assemblées plus attrayantes [...], notamment par l'attribution de menus cadeaux aux actionnaires présents. [...]. La COB [AMF aujourd'hui] rappelle que ces avantages en nature doivent [...] demeurer d'un montant modéré* » (10). Dans cet esprit, plusieurs personnes bénéficient de jetons de présence sans que cette appellation soit forcément utilisée. Du reste, depuis 2019, l'expression est rayée des tables de la loi (11). Il est toutefois

---

venait d'épouser le gérant de fait de la Générale des viandes, la passivité - la docilité - de ce dirigeant de façade l'expose à supporter les conséquences dommageables des agissements fautifs de la direction de fait, dès lors que la liquidation judiciaire de la personne morale débitrice révèle une insuffisance d'actif » (Thomas MASTRULLO, Insuffisance d'actif de la société et passivité fautive du dirigeant de droit, Rev. sociétés 2020. 698).

9) Bruno Dondero, Le dirigeant de droit ne s'exonère pas de sa responsabilité pénale en n'exerçant pas ses fonctions, Gaz. Pal. 26 janv. 2013, n° 115r1, observations sous Cass. crim., 31 mai 2012, n° 11-86234.

10) Yves Guyon, Répertoire de droit des sociétés, Assemblées d'actionnaires, septembre 2002, n° 119 ; André Tunc, L'effacement des organes légaux de la société anonyme, D. 1952, chron. 73.

11) Caroline Coupet, Loi PACTE : l'encadrement de la rémunération des dirigeants, Entre libéralisation et renforcement, La Semaine Juridique Entreprise et Affaires n° 26, 27 Juin 2019, 1319 ; Alain Couret, La

étonnant de réussir à mobiliser une personne riche (un porteur d'actions et d'obligations) au moyen de l'espoir d'obtenir une breloque, ou de percevoir des jetons (au sens de menue monnaie). C'est la question, sous-entendue, de la mesure d'incitation (ou de l'appât) qui les résoudraient à se déplacer.

9. – Oui, tant hier qu'aujourd'hui, l'actionnaire ne participe pas volontiers aux assemblées générales. Et quand il consent à le faire, c'est souvent en recourant à un intermédiaire. En général, il est alors représenté par son banquier d'affaires (12). Comme celui-ci n'avait peut-être pas les mêmes intérêts que son client, le résultat obtenu n'était pas toujours heureux pour ce dernier. C'est la crainte d'une pareille situation qui justifie l'interdiction faite aux mandataires de se porter contrepartie. L'idée étant que le mandataire ne soit pas intéressé dans l'affaire qu'il traite pour le mandant (13). En

---

rémunération des mandataires sociaux des sociétés cotées - . - Ord. n° 2019-1234, 27 nov. 2019 - D. n° 2019-1235, 27 nov. 2019, La Semaine Juridique Entreprise et Affaires n° 51, 19 Décembre 2019, 1561 ; Renaud Mortier, Bruno Zabala et Sylvie de Vendeuil, La réforme du droit des sociétés par la loi Pacte, Loi n° 2019-486 du 22 mai 2019, Droit des sociétés n° 6, Juin 2019, étude 8.

12) C'est dans un tel cadre que s'inscrit la célèbre affaire Bernard Tapie contre la banque qui s'appelait le Crédit Lyonnais. Ce scandale et d'autres ont précipité la privation de cette banque et son changement de dénomination ; désormais LCL. Commencée dans les années 90, des pans de l'affaire ont été jugés par la juridiction arbitrale, la juridiction correctionnelle, la juridiction administrative, les cours d'appel, la Cour de cassation, etc. En 2021, l'affaire reste pendante devant une chambre correctionnelle de cour d'appel. Cf., par exemple, Jean-David Dreyfus, L'arbitrage entre Bernard Tapie et le Crédit Lyonnais devant le tribunal administratif, AJDA 2009. 2350 ; Nicolas Catelan, Arbitrage Tapie-Crédit Lyonnais : relaxes et relaps –Dalloz actualité, 26 juillet 2019.

13) En fait, « *divers textes fulminent l'interdiction [de se porter contrepartie], notamment l'article L. 321-4, alinéa 2, du code de commerce, à propos des*

tous cas, pas au point de rêver d'une mauvaise affaire pour cet infortune mandant.

10. – Selon Paul Cheminais, juriste d'entreprise de l'entre-deux-guerres, « *l'expérience a été décisive, et telles sociétés qui n'obtenaient que difficilement leur quorum légal aux Assemblées, voient ce quorum largement atteint, grâce au jeton de présence alloué aux actionnaires diligents. Il s'en suit que le fonctionnement de ces sociétés est plus régulier, les conseils mieux suivis, et aussi mieux confirmés moralement dans leurs délicates fonctions* » (14). Ainsi, la pratique (par l'offre d'un gain) sera venue au secours de la loi (droit de contrôle des SA par leurs actionnaires). D'après le même texte de cet auteur, le gain en question représentait *« en numéraire la contrepartie des frais et dépens que nécessite cette représentation directe ou, par mandataire* » (15).

11. – C'est aussi ce qu'enseignent les professeurs Michel Germain et Véronique Magnier. Plus précisément, disent-ils, « *c'est pour obtenir le quorum et éviter le retard et les frais d'une seconde convocation que les sociétés [...] ont imaginé d'accorder des jetons de présence aux actionnaires présents ou*

---

ventes volontaires de meubles aux enchères publiques ou le nouvel article 1161, alinéa 1er, du code civil pour la représentation d'une façon générale, de sorte que le contrat avec soi-même est devenu illicite en principe, sauf loi spéciale en sens contraire. Cette disposition soulèvera bien des difficultés au regard de la pratique de la vie des affaires où une seule et même personne physique dirige deux ou plusieurs personnes morales et les fait contracter entre elles » (Philippe LE TOURNEAU, Répertoire de droit civil, Mandat, Effets du mandat entre les parties, Juillet 2017 (actualisation : Mars 2020), n° 225.

14) Paul Cheminais, Chronique juridique et fiscale, le jeton de présence [nature juridique et fiscale].

15) Paul Cheminais, Chronique juridique et fiscale, précité.

représentés » (16). Nombre de leurs collègues tiennent un discours comparable. Par exemple, Patrick Serlooten (17) ; Jean-Christophe Pagnucco (18) ; ou bien Laurence Amiel-Cosme.

12. – Selon celle-ci, « *ces jetons de présence ont été ainsi dénommés car ils ont pour objet de récompenser l'assiduité des administrateurs aux séances du conseil. Si la dénomination perdure, ces jetons de présence peuvent toutefois être alloués aussi bien aux présents qu'aux absents* » (19). L'autrice parle bien d'administrateurs ; la raison est que les conseils d'administration étaient souvent eux aussi tout autant déserts que les assemblées générales. De sorte que la loi NRE en aura tiré des conséquences restrictives quant au nombre de conseil d'administration dont une personne physique peut cumulativement être membre (20). Dans la foulée, Xavier

---

16) Michel Germain et Véronique Magnier, Traité de droit des affaires de Ripert et Roblot, t. 2, 20e éd., 2011, n°1581.

17) Patrick Serlooten, Rémunération des dirigeants sociaux : régime fiscal, Répertoire des sociétés, Janvier 2017, n° 20 : Pour ce professeur, les jetons de présence « *rétribuent par une somme fixe considérée comme un remboursement forfaitaire des frais de déplacement, la présence aux séances du conseil* ».

18) Jean-Christophe Pagnucco, Fasc. 130-40, SA, Administration, Rémunération des administrateurs, MAJ 07 juin 2017, n° 10 : « *Initialement, ces jetons étaient censés ne pouvoir être octroyés qu'en contrepartie de la fréquentation assidue de l'organe collégial de direction de la société anonyme. Ces sommes étaient même remises au terme de chaque séance du conseil à laquelle assistaient les administrateurs dûment investis de leurs pouvoirs par les actionnaires* ».

19) Laurence Amiel-Cosme, Répertoire de droit des sociétés, Rémunération des dirigeants sociaux, [Jetons de présence], 2002, n° 10 s.

20) Catherine Malecki, Cumul de mandats sociaux, Répertoire de droit des sociétés, janvier 2003, n° 2 et 7 : « *Le volet « cumuls de mandats » de la loi NRE a eu pour but essentiel de permettre aux mandataires sociaux d'exercer effectivement leurs fonctions et, dans une moindre mesure, de lutter contre les conflits d'intérêts. [...]. Le but de cette nouvelle limitation*

DELPECH en déduit que dans les associations, « *il est sans doute possible de prévenir l'absentéisme et le manque d'implication des administrateurs en exigeant, dans les statuts, du conseil d'administration, qu'il veille à limiter les cumuls excessifs de fonctions et de mandats des administrateurs* » (21).

13. – Une troisième catégorie de bénéficiaire de jetons de présence est constituée par les salariés représentant leurs collègues au conseil d'administration. Une subdivision en deux sous-catégories étant d'ailleurs nécessaire. Car, d'après le Code de commerce, la représentation des salariés au conseil d'administration peut être obligatoire ou facultative (22). Leur représentation est spécifique pour ceux d'entre eux qui réunissent entre leurs mains au moins 3 % du capital social. Le mandataire porte l'acronyme ARSA : Administrateur Représentant des Salariés Actionnaires. Compte tenu de cet apparent universalisme du bénéfice des jetons de présence, Monsieur Rudi Fievet comprendrait que ceux-ci soient également étendus aux responsables d'associations. Car, indique-t-il, « *la crise des vocations aux fonctions dirigeantes comme la professionnalisation des associations imposent à ces*

---

est de permettre à l'administrateur d'exercer effectivement ses fonctions et ce, essentiellement dans les sociétés cotées. Cette limitation à cinq mandats s'inscrit dans l'accroissement des devoirs et pouvoirs des administrateurs, notamment au regard de leur droit d'information ». Cette loi NRE aura alors modifié l'article L225-21 du code de commerce. En vérité, la limitation du nombre de mandats ne s'étend pas à ceux détenus dans des sociétés d'études ou de recherches, ainsi que dans les instituts régionaux de participation. Par ailleurs, un mandat supplémentaire sera envisageable s'il n'est pas rémunéré.

21) Xavier Delpech, Assemblées générales, Juris Corpus Droit des associations et fondations, 2016. L'auteur commentait « Les 20 recommandations de l'IFA », Juris assoc. no 365/2007, p. 20, recomm. no 5.

22) Code de commerce, article L225-27-1 et L225-27.

dernières de repenser les méthodes et outils de fidélisation des bénévoles, des membres et des administrateurs. Ceux-ci peuvent en particulier bénéficier de jetons de présence » (23). Le classique bénévolat des fondateurs d'association n'en souffrirait nullement, car les jetons se limiteraient aussi à dédommager les sociétaires de leurs dépenses de participation aux réunions.

14. – Il n'empêche que le législateur encourage des bénévoles du secteur public à s'efforcer de participer aux réunions des comités, commissions, groupes de travail, agences et autres, dont ils seraient membres ou invités. C'est ainsi qu'il admet dorénavant le remboursement des frais correspondants au profit des élus locaux (24). De même, s'agissant de l'ANACT, le législateur indique, dans le Code du travail (en son article R4642-5, alinéa 9), que : « *Les fonctions de membre du conseil d'administration sont exercées à titre gracieux. Elles ouvrent droit aux indemnités pour frais de déplacement et de séjour dans les conditions prévues par le décret* » (25). Toujours relativement à cette agence, le même Code (art. R4642-8, IV) mentionne que « *les fonctions de membre du conseil*

---

23) Fiscal, Administrateurs, Jetons de présence : les tenants et les aboutissants, Juris associations 2019, n°594, p.38 : « *il peut être possible d'attribuer à chaque dirigeant des jetons de présence pour participation effective aux réunions de l'organe de direction* ».

24) À propos de défraiements, il convient de noter que jusqu'à la loi 31 mars 2015, seuls les conseillers municipaux se voyaient remboursés les dépenses assumées en vue de la participation à une séance. Désormais, les conseillers régionaux et départementaux peuvent également se faire rembourser leurs frais de garde d'enfants ou d'assistance à une personne handicapée (Code Général des Collectivités Territoriales, articles L3123-19 et L4135-19).

25) Il s'agit du décret n° 2006-781 du 3 juillet 2006 fixant les conditions et les modalités de règlement des frais occasionnés par les déplacements temporaires des personnels civils de l'État.

scientifique sont exercées à titre gracieux. [Toutefois] Elles ouvrent droit aux indemnités pour frais de déplacement et de séjour dans les conditions prévues à l'article R4642-5 » (26).

15. – Curieusement, le Code forestier prévoit pour sa part que « *les membres du conseil d'administration [de l'Office National des Forêts, ONF] reçoivent, à titre de jetons de présence, une indemnité dont le montant est fixé par arrêté conjoint des ministres chargés du budget, des forêts et de l'environnement* » (27). On pourrait penser qu'il s'agit d'une autre façon de parler de la prise en charge des dépenses des participants. Or, le texte ajoute aussitôt que : « *Ces membres bénéficient en outre du remboursement des frais de déplacement ou de séjour effectivement supportés par eux à l'occasion des réunions du conseil, sur la base des taux prévus pour les fonctionnaires* ». Ces administrateurs de l'ONF bénéficient donc d'un semblant d'enrichissement.

16. – Cela étant, qui dans le secteur privé doit assumer de semblables frais, en vue de la présence à des réunions d'instances paritaires d'une entreprise ? Certainement l'employeur (28). Dans le silence des textes, la Cour de cassation (22 mars 2002) a posé que « *les frais de déplacement des membres du comité d'entreprise sont à la charge de l'employeur lorsque la réunion est organisée à l'initiative de*

---

26) Décret n°2006-781 du 3 juillet 2006 fixant les conditions et les modalités de règlement des frais occasionnés par les déplacements temporaires des personnels civils de l'État.

27) Code forestier, Art. D. 222-3. Office National des Forêts.

28) Frédéric-Jérôme Pansier, Droit pénal du travail, Représentant du personnel, CSBP mars 2006, n° CSBP2006-178-S125, p. 142 : « *Cette indemnisation, s'agissant d'assurer le fonctionnement régulier de l'entreprise, incombe à l'employeur et ne peut être prélevée sur les subventions de fonctionnement versées au comité, qu'il s'agisse des réunions exigées par la loi ou de celles prévues par le chef d'entreprise* ».

celui-ci ou [...] à la demande de la majorité des membres du comité » (29). Quelques années plus tôt (05 octobre 1999) une solution similaire avait déjà été proclamée à propos du Comité d'hygiène et de sécurité et des conditions de travail. En l'occurrence, le salarié fut admis à prétendre au remboursement de ses frais de déplacement, alors que l'employeur avait mis à sa disposition l'un de ses véhicules. Certes, l'heure de départ de ce véhicule n'était pas compatible avec les autres contraintes du représentant (30).

17. – Plus généralement, la Cour de cassation (9 avril 2008), a jugé que l'employeur doit désintéresser les salariés des « *frais liés à leur fonction représentative, pour des réunions à son initiative, frais qu'ils n'auraient pas à supporter en tant que simples salariés ; que peu importe au demeurant le lieu de rattachement (lieu de départ pour le calcul des frais de déplacement) déterminé par la Convention collective ou le contrat* ». Tout au moins si le salarié se trouve au loin parce qu'il aura été envoyé en mission par son employeur, « *en dehors du lieu où se tiennent les réunions des délégués du personnel, du comité d'entreprise ou du CHSCT* » (31). Ces jurisprudences convergentes s'appliqueront harmonieusement

---

29) Cass. Soc., 22 mai 2002, caisse régionale de Crédit agricole de Lorraine, N° de pourvoi: 99-43990, Bulletin 2002 V N° 174 p. 173.

30) Cass. Soc., 5 octobre 1999, N° de pourvoi: 97-41590, société des Autoroutes du Sud de la France.

31) Cass. Crim., 22 novembre 2005, n° de pourvoi: 04-87451, société Asparo : « *Mais attendu qu'il résulte de l'article L. 236-3 du Code du travail que le comité d'hygiène, de sécurité et des conditions de travail reçoit du chef d'établissement les informations qui lui sont nécessaires pour l'exercice de ses missions, ainsi que les moyens nécessaires à la préparation et à l'organisation des réunions et aux déplacements imposés par les enquêtes ou inspections* ».

à l'instance qui les regroupe désormais : le Comité Économique et Social ; le CES (32).

18. – L'employeur doit ainsi assumer des dépenses dont le résultat indirect serait le recul de l'absentéisme des salariés élus. Or, si certains de ces certains salariés travaillent au siège social, d'autres exercent dans des unités délocalisées, tandis que d'autres encore œuvrent chez des clients. Dans un litige, comme obstacles à la participation aux réunions, outre la distance physique à couvrir, s'élevait le refus récurrent de l'employeur de prendre à sa charge les frais engagés par les salariés volontaires. Par conséquent, pour les hauts conseillers, l'effet conjugué de ces deux éléments constituait « *nécessairement une limitation à leur liberté de déplacement ainsi vidée de toute effectivité et donc une entrave au fonctionnement régulier desdites institutions* » (33). Cet arrêt constitue l'un des jalons du droit pénal du travail (34).

---

32) Emmanuelle Clément, Première mise en place du CSE : quel est le sort des mandats en cours ?, Dalloz actualité, 5 mars 2021 : *« L'ordonnance n° 2017-1386 du 22 septembre 2017 posait le principe selon lequel le CSE devait être mis en place au terme des mandats en cours et au plus tard le 31 décembre 2019 »*.

33) Cass. Crim., 22 novembre 2005, n° de pourvoi: 04-87451, Union départementale des syndicats CGT du Calvados, Bulletin criminel 2005 N° 307 p. 1045. Cass. Soc., 21 juin 2005, 03-44.411 : *« le moyen de transport habituel des salariés était leur véhicule personnel »* ; les juges du fond ont *« pu en déduire, sans encourir les griefs du moyen, que l'employeur avait implicitement accepté que le salarié utilise son véhicule personnel »*. La juridiction sociale et la juridiction pénale auront dû se pencher sur cette affaire. Le PDG de cette société n'était pas forcément toujours facile à vivre, ainsi qu'on le découvre dans un autre litige. En effet, *« lors de réunions du personnel ou du comité d'entreprise, le président directeur général de la société avait proféré à l'encontre du salarié, à plusieurs reprises, des insultes et des invectives, a pu décider que ce comportement qui constituait un grave manquement de l'employeur à ses obligations, entraînait la rupture du contrat de travail qui s'analysait en un*

19. – En conséquence, la crainte de la sanction pénale devrait conduire l'employeur à prendre ses responsabilités financières en la matière. À cet égard, un chef d'entreprise aura été condamné par la cour d'appel de Caen (15 novembre 2004). Dans cette affaire, son infraction aura en particulier été l'entrave au fonctionnement régulier du CHSCT et du comité d'entreprise. Cette condamnation a consisté en : 4 mois d'emprisonnement avec sursis ; 2000 euros d'amende ; des dommages-intérêts (35).

20. – La Cour de cassation (9 avril 2008) a rejeté le pourvoi formé par cet employeur. Car, « *même si d'autres facteurs d'absentéisme peuvent interférer, le caractère massif de ces absences ne peut qu'être mis en relation avec l'absence d'indemnisation* ». Dans cette affaire Société Asparo, les

---

licenciement » (Cass. Soc., 03 juillet 2001, N° de pourvoi : 99-43.562, Société Asparo (Assistance en papeterie et robinetterie).

34) François Duquesne, Dix ans de droit pénal du travail, entre autonomie et acculturation, La Semaine Juridique Social n° 26, 30 Juin 2015, 1248 : « *Moins d'un demi-siècle aura suffi au droit pénal du travail pour acquérir le statut de discipline juridique dédiée à un enseignement universitaire et suscitant la rédaction d'ouvrages entièrement dévolus à son objet. Si le droit pénal du travail est encore exposé à la critique, sa présence n'est plus contestée au cœur d'un environnement où domine la règle impérative. La primauté des droits de la personne que tend à préserver la norme du travail a fondé une réponse pénale dont la réglementation, à l'aube des années 1970, provoqua cet essor. Mais au temps de la maturité a succédé celui de la mutation. Si, tel un isthme, le droit pénal du travail se présente aux confins de deux champs juridiques dont il se tient séparé, sa position se trouve désormais menacée tandis que son rôle évolue au sein des rapports entretenus par le droit pénal et le droit du travail* ».

35) Le dirigeant social sera alors probablement mentionné dans les annales et registres de la Justice. En l'occurrence, il n'avait pas déjà été marqué (au fer rouge). Pour cette raison, auront jugé les juges du fond : « *il sera fait application à son encontre de la loi pénale en tenant compte de la nature des faits commis et des éléments de sa personnalité, son casier judiciaire ne mentionnant aucune condamnation* ».

diverses instances avait progressivement cessé de fonctionner parce que les salariés n'y allaient plus. Les juges ont par ailleurs précisé que le dirigeant social ne pouvait s'abriter derrière l'erreur de droit.

21. – Premièrement, parce que l'inspection du travail avait attiré son attention sur la défaillance généralisée. Deuxièmement, parce que « *cette question de l'indemnisation des frais de déplacement revenait de manière récurrente lors des réunions qui se sont tenues* ». Outre l'élément matériel de l'infraction (pas de réunion), il existait ainsi l'élément intentionnel, lequel se déduisait du caractère volontaire des agissements du prévenu (pas d'incitation à la participation). Il n'était pas question d'acheter les représentants des salariés, ni de les encourager à la dépendance financière.

B. – La cupidité et l'inégalité des bénéficiaires des jetons

22. – Les travailleurs français ont toujours rêvé d'autogestion et, au moins, de cogestion. Ils ont ainsi toujours regardé avec admiration leurs collègues d'Outre-Rhin. Car ces derniers prennent place à la table du conseil d'administration, avec les dirigeants sociaux (36). Comme dit un auteur, « *le droit du*

36) Hubert THIÉBAULT, La négociation collective, l'expérience allemande, Droit social 1990. 647 : « *On parle de la République fédérale d'Allemagne comme du pays de la "co-gestion" dans les relations de travail : - un syndicalisme puissant, fort en adhérents, et très engagé dans l'économie de marché ; - une législation avancée associant largement la représentation du personnel aux décisions du chef d'entreprise. La négociation collective ne peut donc être qu'un élément important dans les relations sociales, en particulier à l'intérieur des entreprises* ». Fernando VASQUEZ, L'intervention des représentants du personnel dans les procédures externes à l'entreprise en Europe, Droit social 1998. 927 : « *En Allemagne, en Autriche, au Luxembourg et dans les pays nordiques, l'intervention des représentants*

travail assure un certain contrôle sur la domination [du patron], au point de réaliser, dans les systèmes les plus avancés, la démocratie industrielle et la participation des travailleurs au gouvernement de l'entreprise » (37).

23. – Certes, avait autrefois écrit le professeur Bernard Teyssié : « *Négocier le montant des salaires, la durée du travail, les modalités de son aménagement, revient, pour les uns et les autres, à pratiquer une forme de cogestion. Mais une cogestion aléatoire car négocier n'est pas conclure et conclure n'est pas appliquer* » (38).

24. – À sa façon, la loi n° 83-675 consacre une telle démocratisation du secteur public. Il prévoit en effet des représentants de salariés dans les conseils d'administration et/ou les conseils de surveillance des entreprises publiques. Le législateur a toutefois consacré la gratuité de tels mandats ; sans que cela leur cause pour autant de perte patrimoniale. Cette préoccupation se vérifie par une prise en charge de leurs frais, ainsi que par la mise à leur disposition du matériel utile à l'exercice du mandat. En revanche, les administrateurs salariés du secteur privé ne sont pas soumis à cette règle de bénévolat ; ils peuvent percevoir des jetons de présence.

---

des salariés sur les opérations économiques prend pour base la participation directe au conseil de surveillance ou d'administration ». Anne-Sophie CORNETTE DE SAINT-CYR et Olivia RAULT, Aspects juridiques et sociaux des opérations de fusions au sein de l'Union européenne, La Semaine Juridique Entreprise et Affaires n° 15, 10 Avril 2008, 1477 : Il existe des États « *où le rôle des salariés au sein des organes de direction des sociétés est institutionnalisé (ex. co-gestion en Allemagne)* ».

37) Adalberto Perulli, Variations sur la liberté au cœur du droit du travail, Rev. trav. 2020. 735.

38) Bernard Teyssié, A propos de la négociation collective d'entreprise, Droit social 1990. 577.

ISSN 3096-8152

25. – L'explication paraît simple : aucun argument convaincant n'incite à admettre que, pour un même apport intellectuel et social, les administrateurs désignés par les actionnaires fussent rémunérés, mais point ceux représentant le personnel de la société (39). À moins de laisser croire que ces derniers seraient des administrateurs sans poids sur la trésorerie de la société (alors préservée), et sans poids non plus (a fortiori) sur les politiques de cette société.

26. – Certes, dans le secteur public, le bénévolat a pour contrepartie l'irresponsabilité juridique ou une responsabilité atténuée. La solution est ici un privilège, et nullement la prise en compte d'une immaturité des administrateurs, ou de leur déséquilibre mental. Au demeurant, ces deux hypothèses (immaturité et déséquilibre) n'emportent aucune conséquence particulière en matière civile. En matière pénale, elles justifient l'éloignement de la (lourde) peine d'amende ou d'emprisonnement. En vérité, le bénévolat du mandataire compte en matière civile (et commerciale). On lit dans le Code civil (article 1992, al. 1 et 2) que : « *Le mandataire répond non seulement du dol, mais encore des fautes qu'il commet dans sa gestion. Néanmoins, la responsabilité relative aux fautes est appliquée moins rigoureusement à celui dont le mandat est gratuit qu'à celui qui reçoit un salaire* » (40). Monsieur

---

39) Christophe Clerc, Célia Kirren, Julien Marbois et Agathe Maufrais, Le statut des administrateurs salariés, Cahiers de droit de l'entreprise n° 4, Juillet 2015, dossier 22 : « *Cette gratuité du mandat a pour corollaire une atténuation de la responsabilité civile du salarié, demandée par les syndicats lors des discussions du projet de loi* ».

40) Le principe est que la responsabilité du gestionnaire du patrimoine d'autrui est atténuée lorsque celui-ci le fait à titre gratuit. Or des drames surviennent parfois « *lorsque l'enfant devenu majeur conteste les modalités d'exercice de l'autorité parentale relativement à ses biens !* » (Thierry FOSSIER, L'autorité parentale relative aux biens de l'enfant n'est pas une sinécure, Droit de la famille n° 3, Mars 2008, comm. 47). Certes, si le

Clotaire MOULOUNGUI en parle excellemment dans un document d'études sur « *La responsabilité malgré la bienfaisance entre intervenants de l'économie sociale et solidaire* » (41).

27. – Dès lors que l'on admet la rémunération des salariés présents aux conseils d'administration, des doutes s'insinuent alors à propos de leur intégrité et à propos de l'indépendance des syndicats qui les mandatent (42). La question est ici de savoir si l'administrateur salarié se vivra toujours comme un salarié, une fois qu'il aura été adopté par les autres membres du conseil d'administration ; et donc s'il se plongeait dans leur façon de penser et d'agir (43). D'ailleurs, apparaitrait-il compréhensible de l'encourager à rester lui-même, c'est-à-dire qu'il ne s'acclimate pas aux enjeux et contraintes propres à l'instance qu'il aura intégrée ? La question se pose en vérité

---

gérant est le père ou la mère, il a un droit de jouissance légale sur le patrimoine de l'enfant jusqu'à ses 16 ans (Code civil, articles 386-1 et 386-2).

41) https://riifr.univ-littoral.fr/wp-content/uploads/2009/06/doc-219.pdf. Il n'empêche que selon l'article 8.3 du code "AFEP-MEDEF", « *sous réserve des dispositions légales qui leur sont propres, les administrateurs représentant les actionnaires salariés [...] disposent des mêmes droits, sont soumis aux mêmes obligations, notamment en matière de confidentialité, et encourent les mêmes responsabilités que les autres membres du conseil* ».

42) Pour commencer, un mendiant manifeste rarement de la liberté d'esprit (économique) à l'égard de ceux qui lui apportent ses subsides.

43) Angeline DUFFOUR, Le statut des dirigeants de société : une notion à géométrie variable, La Semaine Juridique Social n° 24, 16 Juin 2015, 1212 : « *Le mandataire social est cependant tenu à l'égard des associés de respecter certaines obligations (loyauté, information, etc.), ce qui permet un certain reporting et un contrôle de la mise en place de la stratégie de l'entreprise, en dehors de tout lien de subordination dès lors que l'existence d'un lien de subordination ne saurait découler des seules directives de l'assemblée des associés ou du conseil d'administration lesquelles concernent l'activité de mandataire et non celle de salarié* ».

plus généralement pour tous les membres des professions dans lesquelles la liberté d'esprit postule une certaine indépendance par rapport aux payeurs (44). Du reste, l'interrogation n'épargne pas les associations à but non lucratif. En effet, écrit Patrick LEQUINT, « *la notion d'indépendance des administrateurs est importante car elle contribue à favoriser un climat de confiance et rend crédible l'action du comité d'audit. Cependant, cette notion soulève la question de l'adhésion au projet associatif : un administrateur peut-il être indépendant tout en adhérant au projet associatif ? Son adhésion au projet ne fait-elle pas de lui une partie prenante de l'association ? A contrario, si l'administrateur n'adhère pas au projet associatif, quelle sera sa motivation pour s'investir dans le comité ? Dès lors, comment concilier indépendance et implication dans le comité ?* » (45).

---

44) On peut notamment penser aux avocats et médecins salariés ; aux prêtres, rabbins et pasteurs de l'Alsace-Lorraine ; aux juges du siège ; aux autorités administratives indépendantes ; aux professeurs des universités. D'ailleurs, l'indépendance du professeur qui serait par ailleurs avocat ne lui permet pas pourtant de plaider contre l'administration (TA Lille, 22 juin 1999, D. 2000. 307, note Guglielmi ; JCP 2001. I. 284, n° 4, obs. Martin ; Jean-Jacques Taisne et Mélina Douchy-Oudot, Répertoire de procédure civile, Avocat, Admission au barreau, Avril 2018, n° 76.). De même, le syndicaliste doit s'obliger à un minimum d'égards envers son employeur. Par exemple, « *un fonctionnaire ayant la qualité de représentant syndical n'est pas dispensé du devoir de se poser, dans telle situation l'amenant à s'exprimer oralement ou à publier un écrit, la bonne question avant qu'il ne soit trop tard ; c'est-à-dire avant le franchissement d'une frontière sémantique surveillée par le juge administratif* » (Emmanuel AUBIN, La liberté d'expression du représentant syndical, AJCT 2021.12). On sait que le juge administratif est juge du syndicaliste et des autres représentants des salariés. Cela, lorsque la décision de l'inspecteur du travail (pour ou contre leur licenciement) est attaquée (par eux ou par l'employeur) en annulation pour excès de pouvoir.

45) Patrick Lequint, Gouvernance financière : un gage de transparence, JA 2011, n°447, p.33.

28. – On sait que, dans le secteur public, les salariés membres des conseils d'administration n'ont pas le droit à des jetons de présence. Cette règle est déplorée par un quarteron d'auteurs, frais émoulus de l'École de droit de Sciences Po. Car « *cette gratuité empêche leur syndicat de bénéficier de tout reversement de rémunération, ce qui ne lui permet pas de financer le système de formation à l'instar du système allemand* » (46). L'éventuelle distinction entre les types d'administrateurs, relativement au bénéfice des jetons de présence, ne saurait se fonder sur le type de mandants ; ceux-ci son en effet, soit des actionnaires, soit des salariés. Cela étant, il y a des cadres qui siègent aux conseils d'administration conformément à leur fiche de poste. La rémunération alors par eux perçue tient certainement compte de cette activité de représentation. Cependant, tel n'est pas le cas des autres salariés (subalternes). Certes, ceux-ci bénéficient de crédits d'heures ; c'est-à-dire que durant le laps de temps concédé par l'employeur, le bénéficiaire se trouve libéré de son obligation de se maintenir à sa disposition. Il peut donc vaquer à son activité secondaire de représentation ou à autre chose. Au lieu d'une rémunération en argent, c'est plutôt de temps libre qu'ils bénéficient ; encore l'adage populaire prétende que « *du temps c'est de l'argent* ». En tous, à croire maîtres KANTOROWICZ et LADAIGUE, « *une majorité d'entreprise fait bénéficier les ARSA de la même rémunération que les autres administrateurs* ». Mais, poursuivent-ils, cela ne va pas de soi partout : « *l'existence d'une rémunération*

---

46) Christophe Clerc, Célia Kirren, Julien Marbois et Agathe Maufrais, Le statut des administrateurs salariés, Cahiers de droit de l'entreprise n° 4, Juillet 2015, dossier 22.

principale au titre du contrat de travail étant parfois invoquée pour justifier une privation de "jetons de présence" » (47).

29. – De fait, une société n'a aucun intérêt à refuser ses jetons de présence aux représentants des salariés. Ce sont au contraire ces derniers qui pourraient redouter que la seule quête d'un gain personnel inspire leurs représentants. En vérité, lorsqu'ils perçoivent des jetons de présence, les salariés administrateurs les gardent rarement pour eux. Ils les reversent au syndicat qui les aura mandatés. Apparemment, cette rétrocession est d'environ 90% (48).

30. – Les Français n'innovent pas en agissant ainsi, puisque leurs collègues allemands procèdent aussi de la sorte. Leurs jetons vont à une fondation (la "Hans Böckler Stiftung"), laquelle s'en servirait pour financer la formation professionnelle et les études sur les relations de travail (49). Des syndicats français

---

47) Benjamin Kantorowicz et Louis Ladaigue, Les administrateurs représentant les salariés actionnaires (ARSA) : vademecum, La Semaine Juridique Social n° 43, 27 Octobre 2020, 3052.

48) Christophe Clerc, Célia Kirren, Julien Marbois et Agathe Maufrais, Le statut des administrateurs salariés, Cahiers de droit de l'entreprise n° 4, Juillet 2015, dossier 22. Benjamin Kantorowicz et Louis Ladaigue, Les administrateurs représentant les salariés actionnaires (ARSA) : vademecum, La Semaine Juridique Social n° 43, 27 Octobre 2020, 3052 : *« lorsqu'une rémunération est octroyée aux ARSA au titre de leur mandat, une pratique courante consiste pour ces derniers à les reverser en tout ou partie aux organisations syndicales dont ils dépendent parfois »*.

49) Pour le monde entier, l'OIT collationne ce genre d'études. Par ailleurs, ses propres agents descendent sur le terrain, pour établir ensuite des rapports qui fonderont les recommandations et les conventions de l'institution. À cet égard, *« l'organisation internationale renoue avec un rôle moteur dans l'élaboration d'un socle social universel centré sur l'humain et la diffusion de modèles reposant, pour le traitement des travailleurs, sur le respect, la dignité et la décence. Cette détermination n'est certes pas nouvelle, mais elle est renouvelée »* (Grégoire LOISEAU et Arnaud MARTINON, L'OIT, une jeune centenaire, BJT juill. 2019, n° 111x1, p. 1). Conf. aussi Joseph Jehl,

ont des chartes recommandant le reversement. Une pareille rétrocession présente au moins un intérêt : la confiance (des syndicats et des autres salariés) dans la motivation altruiste du mandataire.

31. – Cela étant, s'imaginer que l'indépendance d'esprit s'incarnerait forcément dans le bénévolat, reviendrait à prétendre que les administrateurs rémunérés constitueraient des marionnettes à la solde du patron. L'homme de la rue les accuserait ainsi d'être des "vendus". Non, l'abnégation financière du salarié mandataire n'est pas la preuve de son potentiel de résistance aux influences plus ou moins occultes (50).

32. – En percevant des jetons, et en les conservant pour lui, l'administrateur salarié réalise un gain. Celui-ci est alors soumis à l'impôt sur le revenu, comme d'ailleurs ses autres revenus. Bien surprenante paraît cependant leur rubrique de prise en compte ; celle des revenus des capitaux. Si le mandataire rétrocède ses jetons à son syndicat, pas d'impôt à sa charge pour les sommes correspondantes (51).

Centenaire de l'OIT : focus sur la qualité de l'emploi, La Semaine Juridique Edition Générale n° 20, 20 Mai 2019, 549.

50) Il convient de noter que des partis politiques (de gauche, en général) exigent le reversement partiel des rémunérations obtenues grâce au mandat électoral. Solidarité et reconnaissance semblent justifier ce sacrifice personnel de l'élu qui s'y astreint. Naturellement, il y échappe en décidant qu'il n'appartient plus au parti politique grâce auquel il aura été élu. C'est une divergence de vue sur la ligne à suivre qui est souvent donnée comme explication de la séparation. Toutefois, le parvenu qui dédaignera désormais ses anciens camarades n'abandonnera pas pour autant le mandat peut-être lucratif qu'il n'aurait jamais obtenu s'il n'avait obtenu au collectif en question.

51) Nicolas Melot et Franck Le Mentec, Les conflits d'attribution de revenus à une personne, Droit fiscal n° hors-série, 1er Avril 2008 : « *des membres de*

ISSN 3096-8152

33. – Encore faut-il que trois conditions soient cumulativement réunies (52). D'une part, les sommes ne doivent pas transiter par le patrimoine du salarié : elles sont directement versées par l'entreprise au syndicat (53). D'autre part, la renonciation du salarié doit être intégrale. De troisième part, l'abandon dure du début à la fin du mandat (54). Dans ces conditions, le

---

congrégations religieuses ou de certains syndicats [...] reversent, en partie ou en totalité, leur rémunération à leur organisation. Ces « intermédiaires » doivent être considérés comme les attributaires des revenus qui leur sont versés. Ils doivent d'ailleurs en principe être considérés comme disposant de ces revenus lorsqu'ils les reversent. Cette situation peut alors conduire à une double imposition dès lors que l'intermédiaire ne peut déduire les sommes reversées de son résultat fiscal. Afin d'éliminer ce risque, l'Administration peut faire preuve de tolérance. À titre d'illustration, s'agissant des rémunérations versées aux membres du Conseil économique et social, et qui sont reversées aux organisations syndicales ou professionnelles représentées, l'Administration a admis, que, compte tenu du lien très étroit entre celle-ci et son représentant, cette rémunération n'est pas imposable si le reversement est consenti dès la prise de fonction de l'intéressé et si la rémunération est versée directement par le Conseil économique et social à l'organisation en cause ».

52) Benjamin KANTOROWICZ et Louis LADAIGUE, Les administrateurs représentant les salariés actionnaires (ARSA) : vademecum, La Semaine Juridique Social n° 43, 27 Octobre 2020, 3052 ; Christophe CLERC, Célia KIRREN, Julien MARBOIS et Agathe MAUFRAIS, Le statut des administrateurs salariés, Cahiers de droit de l'entreprise n° 4, Juillet 2015, dossier 22.

53) Le mécanisme fait penser à l'action directe. Dans celle-ci, le créancier (le syndicat) reçoit du débiteur (la société anonyme) de son débiteur (le syndicaliste administrateur) les sommes attendues. L'action directe s'oppose ainsi de l'action oblique, dans laquelle, au contraire, les sommes en question transitent d'abord par le patrimoine du débiteur (le syndicaliste administrateur).

54) Peut-on en l'occurrence parler de don manuel ? En tous cas, les montants en jeu ne sont pas suffisamment élevés pour que des droits de mutation soient exigibles. Mais comme il s'agit alors d'une libéralité, les spécialistes du droit patrimonial de la famille finiront par s'inquiéter d'un risque d'atteinte à la réserve héréditaire.

salarié administrateur sera regardé comme un saint homme ou, pour rester laïc, comme un bon camarade.

34. – Une telle recherche de pureté aura fini par de la suspicion. Les syndicats ressembleraient en effet à des proxènes attendant que leurs membres grappillassent des jetons à leur profit. Pourtant, aux USA, c'est sans vergogne que les partis politiques, les syndicats, les congrégations religieuses, ou que les universités collectent des fonds auprès des firmes et des fondations. En France, les campagnes électorales et la vie politique, en général, sont désormais financés par le Trésor public.

35. – Le législateur témoigne quasiment de la même préoccupation à propos des syndicats (55). Dans ces conditions, une entreprise demeurera-t-elle dans la légalité en leur déversant des millions, c'est-à-dire sans les risques juridiques inhérents à l'abus de biens sociaux, à la discrimination entre syndicats, voire à la corruption ? Le risque le plus évident est celui de l'opprobre public, même pour un syndicat de lycéen (56).

---

55) Dominique Andolfatto et Dominique Labbé, L'impôt syndical et patronal, Droit social 2015. 616 : « *la réforme de la formation professionnelle (accord national du 14 déc. 2013 puis loi du 5 mars 2014 entrée en vigueur en 2015) [...] instaure un financement parafiscal du syndicalisme (la loi parle d'une « contribution »). L'analyse de ce nouveau dispositif montre que de nombreuses questions cruciales ont été laissées dans l'ombre et que ce financement par l'impôt ne mettra probablement fin à aucune des dérives qu'il prétend combattre. Il témoigne également de l'étrange démocratie sociale à la française qui, sans débat public ni transparence, a imposé un nouveau prélèvement sur toutes les rémunérations du secteur privé* ».

56) Un nouveau syndicat lycéen, qui a bénéficié un peu vite de la subvention ministérielle classique, a semblé avoir été créé pour soutenir les propositions du ministre de l'éducation nationale. Celui-ci a déploré un procès d'intention, tandis que les syndicalistes en herbe criaient à

ISSN 3096-8152

36. – Déjà, en 2007, une phrase énigmatique d'un patron (Didier Gauthier-Sauvagnac) responsable d'une caisse commune d'entreprises (l'UIMM), avait passablement troublé le monde médiatique et syndical. L'intéressé avait justifié ses détournements de fonds par la nécessité de « *fluidifier le dialogue social* ». On cherche encore le sens du propos ; étant observé que (selon la Justice) lui-même ne s'était pas enrichi.

37. – À la même époque, monsieur le professeur Bernard TEYSSIÉ prévenait que « *l'impératif moral irrigue également l'exigence de transparence financière requise du syndicat qui prétend accéder au bénéfice de la représentativité. Elle est particulièrement bienvenue en un temps où les syndicats, insuffisamment alimentés par les cotisations de leurs adhérents, s'attachent à diversifier leurs sources de financement. Elle constitue le meilleur moyen d'éviter les soupçons que l'opacité nourrit... et d'éviter des comportements moralement contestables et juridiquement dangereux* » (57). De même, à l'occasion de l'annotation d'un arrêt (58), le professeur Franck PETIT a encore récemment décrit les conséquences radicales à tirer du défaut d'indépendance d'un syndicat (59). Pour sa part, Emmanuelle CLÉMENT soutient

---

l'accusation sans preuve. Conf. AFP agence (12/11/2020) : « *Subventions octroyées à un syndicat lycéen pro-Blanquer : soupçons de favoritisme* ».

57) Bernard TEYSSIÉ, À propos de la rénovation de la démocratie sociale, Droit social 2009, p. 627.

58) Cass. Soc., 26 février 2020, nos 19-19.397 et 19-19.492.

59) Franck PETIT, L'indépendance syndicale, Droit social 2021. 82. D'après lui, au regard de la déconfiture prétendue, dans l'espèce qu'il commentait, « *il aurait été logique non pas seulement de priver le syndicat de sa représentativité, mais aussi de prononcer la sanction déjà retenue dans l'arrêt Front national de la Police, celle qui prive le syndicat de la possibilité d'exercer les principales prérogatives syndicales, y compris celle qui permet, en vertu de l'article L2132-3 du code du travail, d'agir en justice en défense de l'intérêt collectif de la profession* ».

que « *l'indépendance d'un syndicat, critère de sa représentativité et même de son existence, s'entend d'une indépendance financière et d'une indépendance à l'égard de l'employeur. Les cotisations prennent une part importante dans le financement des organisations syndicales. Leur prise en charge exclusive par l'employeur induit une emprise de ce dernier sur les organisations syndicales dont l'indépendance se trouve alors largement altérée* » (60).

38. – On peut d'ailleurs se demander si l'indépendance syndicale se limite à ne point dépendre de puissances d'argent. Plus clairement, un syndicat peut-il aller chercher ses mots d'ordre auprès d'un parti politique ? Non : la liberté syndicale est un principe reconnu et exigé aussi bien en droit interne qu'en droit international public (61).

10. – Sans doute est-ce pour cette raison qu'à la fin du 20ème siècle les responsables de la CGT renoncèrent enfin à relever par ailleurs du comité central du Parti Communiste Français (62). De plus, l'objet strictement professionnel de tout syndicat

---

60) Emmanuelle Clément, Conditions de validité d'une prise en charge patronale des cotisations syndicales, Obs. sous Soc. 27 janv. 2021, FP-P+R, n° 18-10.672, Dalloz actualité, 15 février 2021.

61) Michel Menjucq, Les conditions de la contestation de la qualité de syndicat professionnel, La Semaine Juridique Entreprise et Affaires n° 31, 30 Juillet 1998, p. 1259 : « *l'illicéité de l'objet d'un syndicat en raison de son caractère politique n'avait pas été accueillie depuis l'entre deux-guerres et attire la curiosité de ceux qui s'intéressent à la théorie des personnes morales* ». Pierre-Yves VERKINDT, La liberté d'expression syndicale, BJT janv. 2021, n° 114r6, p. 59 : « *La liberté syndicale est donc une liberté publique que les pouvoirs publics comme les personnes privées doivent respecter dans son aspect collectif, c'est-à-dire dans le droit d'un groupement de se constituer en syndicat sans contrôle préalable* ».

62) Cette évolution revenait à s'aligner sur les préconisations de la Charte d'Amiens de 1906.

est oublié par celui d'entre eux qui se mettrait (encore) à faire de la politique, violant alors le Code du travail (art. L2131-2).

39. – En pratique, c'est une organisation syndicale qui désigne son représentant au CSE, ou son délégué syndical, ou son représentant de la section syndicale. Or, le pendant du pouvoir de nomination est le pouvoir de révocation. Bien entendu, une révocation ne saurait être vexatoire ou arbitraire ; sous peine d'une condamnation à des dommages-intérêts, en application de l'article 1240 du Code civile. Et pourtant, fait observer le professeur Pierre-Yves Verkindt, l'administrateur salarié s'alignera probablement sur la vision de son syndicat, afin de ne point perdre son mandat (63). Encore que ses éventuels jetons de présence reviennent souvent à ce syndicat, et s'avèrent inférieurs à ceux versés aux représentants des actionnaires.

Le bénéfice inégalitaire des jetons de présence

40. – Selon l'organisation (mono ou bicamérale, moniste ou dualiste) de la société anonyme concernée, la répartition des jetons de présence est assurée par l'omniprésent conseil d'administration, ou par l'éventuelle seconde instance que sera le conseil de surveillance (64). Et la répartition est

---

63) Pierre-Yves VERKINDT, La liberté d'expression syndicale, BJT janv. 2021, n° 114r6, p. 59. Certes, il est normal que le mandataire se conforme à la volonté expresse ou implicite de son mandant. Néanmoins, tous les mandats ne sont pas impératifs, notamment dans la vie politique. Même si un syndicat n'est pas censé faire de la politique, il n'en reste pas moins que le syndicalisme se situe à mi-chemin entre un mandat public et un mandat privé. Attention, ces élucubrations sur le mandat ne s'inspirent pas de l'article de l'éminent professeur.

64) Code de commerce, articles L225-45 et L225-83.

susceptible d'être adoptée à la simple majorité. La fixation du volume général à ainsi répartir relève de la compétence de l'assemblée générale. Or, par souci de transparence ou de déontologie, certaines sociétés choisissent de confier la répartition à un comité des rémunérations. Paradoxalement, la discussion parlementaire relative à la loi NRE en 2000 aura regretté l'opacité des délibérations de ces comités, de même que la passivité corrélative des conseils d'administration (65). À l'inverse, il est arrivé que le seul président d'un conseil d'administration procède à la répartition des jetons de présence. La cour d'appel de Paris (28 septembre 1990) n'y aura rien trouvé à redire (66). D'abord, parce que la règle de compétence (c'est-à-dire le conseil tout entier) n'est pas sanctionné par la nullité. Ensuite, le président en question n'en aura pas profité pour s'attribuer une portion substantielle. Au contraire, chacun des membres du conseil aura perçu la même part ; sous réserve du nombre de mois passés au service de la société. Il est entendu que les jetons s'acquièrent jour par jour (67).

41. – Plus généralement, l'instance répartitrice jouit d'une certaine liberté. Aux termes d'une réponse ministérielle à une question écrite, l'on sait que : « *le conseil d'administration décide souverainement la répartition des jetons de présence.*

---

65) J. DARNE, JOAN CR, séance du 27 avr. 2000, p. 3465, discussion parlementaire à l'occasion de la loi sur les nouvelles régulations économiques, dite NRE.

66) Cour d'appel de Paris, 28 septembre 1990, D. 1990, IR 269 ; RF compt. 1991, no 221, p. 61, note Ph. Reigné.

67) Quoique les jetons de présence soient payables par année, leur prescription extinctive est quinquennale, en vertu de l'article 2277 du Code civil. Le point de départ de la prescription est le jour de la décision de répartition par l'instance compétente (Laurence Amiel-Cosme, Répertoire de droit des sociétés, Rémunération des dirigeants sociaux, [Jetons de présence], 2002, n° 18).

ISSN 3096-8152

Aucune disposition ne limite la liberté du conseil ni ne laisse supposer que la répartition devrait être égale ou que l'unanimité des membres du conseil serait requise dans certaines circonstances » (68). Cette liberté ne saurait toutefois exclure la classique possibilité de l'invocation d'un abus de droit. Le cas échéant, les choses se passeront comme en matière de responsabilité pénale et civile des dirigeants sociaux.

42. – Au total, les jetons de présence reçus par les actionnaires peuvent différer de ceux des administrateurs ; égalité systématique (proportionnalité) pour les premiers, et différenciation probable pour les seconds. Bien entendu, la personne qui serait à la fois actionnaire et membre du conseil d'administration en cumulerait le bénéfice. Encore qu'un nombre croissant de membres du personnel possèdent des actions de l'entreprise qui les emploie (69).

43. – Cela étant, si parfois quelques administrateurs se retrouveront mieux lotis, c'est parce qu'ils auront accepté puis effectué des missions spécifiques au profit de la société. Précisons qu'il ne se sera pas agi de missions opérationnelles,

---

68) Rép. quest. écrite n° 69127 de M. Marc Lauriol à M. le garde des sceaux, Ministre de la justice, J.O. Déb. Ass. Nat. 29 juillet 1985, p. 3572.

69) La participation et l'intéressement voulus par le Général de Gaulle se traduisent aujourd'hui par l'offre d'actions aux salariés, parfois gratuitement distribuées. Le nouveau dirigeant social en reçoit aussi à son entrée en fonction. À son départ ou avant, il en retire généralement une plus-value dont les médias s'offusquent volontiers. Cela étant, *« l'octroi d'actions aux salariés, selon les divers dispositifs légaux existants, aboutit nécessairement à l'imbrication de dispositions du droit du travail et du droit des sociétés. Si la combinaison des textes de droit substantiel n'est pas toujours facile, les incidences procédurales ne sont pas moindres* » (Bernard SAINTOURENS, Attribution d'actions gratuites aux salariés et compétence du conseil de prud'hommes, BJS déc. 2012, n° JBS-2012-0465, p. 876).

mais par exemple d'analyse ou de prospective (70). Le risque juridique (de décisions opérationnelles) serait l'empiètement sur les pouvoirs du conseil d'administration, ou sur les pouvoirs de l'assemblée générale (71). Ces missions pour lesquelles une rémunération spécifique est due par la société renvoient à l'idée de contrats entre les administrateurs concernés et la société. Conséquemment, sans doute faut-il observer la procédure des conventions réglementées (72).

43. – Par ailleurs, les rapports établis ne doivent pas sembler trop fumeux et généraux, alors que des organismes compétents en produisent déjà d'appréciables, en particulier l'OIT (73). Certes, il convient de fonder en droit la perception des jetons, lesquels souffrent par ailleurs d'une qualification juridique incertaine.

---

70) Selon Richard ROUTIER, « *les comités d'études, encore qualifiés par la pratique de "comités techniques", de "comités ad hoc", de "comités de réflexion" - voire parfois pour les sociétés cotées, de "comités d'audit", de "comités des rémunérations", ou "de sélection" -, connaissent un grand développement, surtout dans les sociétés cotées* » (Répertoire de droit des sociétés, Directeur général délégué : directeur technique, Comité de direction, Collège de censeurs, juin 2002, n° 63 à 71.

71) Richard ROUTIER, Directeur général délégué : directeur technique, Comité de direction, Collège de censeurs, Répertoire de droit des sociétés, juin 2002, n° 63 à 71.

72) Code de commerce, article L225-46-1, lequel renvoie aux articles L225-38 et suivants.

73) Anthony Ratier, Le numérique et les droits humains à la croisée des chemins, Revue Internationale de la Compliance et de l'Éthique des Affaires n° 2, Avril 2020, étude 73 : « *L'IA bouleverse enfin les manières de travailler et le contenu même du travail si bien que l'OIT dans son rapport du centenaire plaide pour une IA à finalité et sous contrôle humain* ». Alexis Bugada, Travail dominical : leçon de conformité avec le droit OIT, Gaz. Pal. 12 mars 2019, n° 344w6, p. 53 : « *Les organes de contrôle de l'OIT méritent toute l'attention des juges français, sans qu'il soit permis de dénaturer leurs rapports établis à l'occasion des mécanismes de contrôle prévus par la constitution de l'OIT (notamment ceux de l'article 24)* ».

II. – La nature juridique des jetons de présence

44. – Les juristes s'efforcent de donnent aux faits et gestes une dénomination, une qualification juridique. Car les conséquences à tirer d'une situation dépendent de sa nature, de sa qualification. Plusieurs, possibles, n'ont pas été retenues pour les jetons de présence (A.). Une, seulement, sera apparu satisfaisante, ou la moins décevante (B.).

A. – Les qualifications refusées aux jetons de présence

45. – Les sommes d'argent exigibles par un créancier ont chacune une appellation ; c'est la question de la nature juridique de ces paiements. Ainsi, le copartageant verse une soulte pour un rééquilibrage des lots en présence ; le client de l'hôtelier paie la note ; et celui d'un restaurateur, l'addition.

46. – De même, l'acheteur verse un prix, le locataire un loyer ; l'emprunter d'argent doit des intérêts (autrefois dits loyer de l'argent) ; le banquier parlera en outre d'agios à l'occasion de l'escompte d'un effet de commerce non encore échu. L'employeur paie un salaire au terme prévu, un acompte avant ce terme, et une avance si aucun travail n'avait encore été effectué par le salarié. Le délinquant responsable sera débiteur de dommages-intérêts envers la victime, et d'une amende envers le Trésor public.

47. – D'un autre côté, ce Trésor public perçoit des impôts (voire des taxes, notamment la TVA) en l'absence de tout service précis au profit du contribuable, alors qu'au cas contraire, le paiement fait par l'usager bénéficiaire du service public sera une redevance (voire une taxe, comme celle de l'enlèvement des ordures ménagères). L'avance versée sur le prix, par l'acheteur, se dénommera un acompte ou des arrhes ;

l'avortement de la vente obligeant à la perte des arrhes par l'acheteur inconstant, et au remboursement du double par le vendeur qui se sera dédit.

48. – Les sommes reçues du défunt, de son vivant, se dénomment des donations (ou parfois des dons manuels), alors que celles perçues en exécution de son testament, relèvent des legs pour cause de mort. Dans ces derniers cas, si le défunt avait été trop généreux, au point de donner plus que sa quotité disponible de parent, le retour des donations et legs à la succession, afin de reconstituer la quotité réservée aux héritiers, commencera par les legs et, si nécessaire, se poursuivra avec les donations, en partant des plus récentes.

49. – De la nature juridique identifiée découle le juge compétent, le délai de prescription, le caractère indemnitaire, chirographaire, privilégiée, etc. Or, les jetons de présence sont alloués tant aux actionnaires qu'aux administrateurs, lesquels peuvent être des dirigeants sociaux ou des représentants des salariés. Cette diversité de bénéficiaires emporte-t-elle une démultiplication de la nature juridique des jetons de présence ? C'est-à-dire qu'elle ne serait point la même selon que l'attributaire serait un salarié, ou un actionnaire, ou un dirigeant social.

50. – Nous choisissons de répondre par la négative à cette question. Son principe même devrait d'ailleurs étonner (74).

---

74) Cependant, pour le besoin de la contradiction, peut-être nous sera-t-il argué quelques contre-exemples. D'une part, pour avoir utilisé sa force de travail au profit de l'administration pendant un mois, deux agents qui assument les mêmes tâches percevront, soit un traitement, soit un salaire, selon qu'ils relèveront du statut (de fonctionnaire), ou bien du contrat (de travail). D'autre part, le père ou la mère versant des sommes indispensables à leurs enfants vivant avec d'autres (en vertu d'une

En tous cas, les auteurs qui ont écrit sur ces jetons disent que ceux-ci visent à compenser le temps personnel consacré aux réunions de la société, et aussi à indemniser des dépenses effectuées à cette occasion (transport, hôtel, restauration, etc.). De toute évidence, la récupération de telles sommes revêt un caractère indemnitaire. Autrement dit, les jetons de présence sont une indemnisation (logiquement exempte de prélèvement obligatoire).

51. – Curieusement, une autre nature juridique l'emporte. Elle aura été préférée à des prétendantes guère plus défendables. Pour commencer, vu que les jetons de présence proviennent d'une société, l'on pourrait s'empresser de les qualifier de dividendes. Le problème est que les administrateurs qui reçoivent ces jetons ne sont pas des actionnaires ; ne serait-ce qu'aux origines de l'institution. C'est vrai que la réforme récente du droit des sociétés par la loi PACTE ouvre l'accès aux Bons de Souscription de Parts de Créateurs d'Entreprise (BSPCE) au plus grand nombre possible de cols blancs de la société (75).

52. – Selon Renaud Mortier, Bruno Zabala et Sylvie de Vendeuil, « *L'ambition de cette extension du périmètre des attributaires de BSPCE est d'attirer dans de jeunes entreprises, typiquement des start-ups, des administrateurs suffisamment motivés et qualifiés, alors même que la société ne dispose pas à ce stade*

---

décision judiciaire), satisferont tantôt l'obligation d'entretien (si l'enfant est mineur), tantôt plutôt l'obligation alimentaire (si l'enfant est majeur).

75) En vérité, dans bien de puissantes firmes internationales, le look composé du sweat-shirt à capuche et de baskets l'emporte sur le classique costume-cravate.

de ressources suffisantes pour leur offrir des rémunérations attractives sous forme de jetons » (76).

53. – En tous cas, les dividendes sont un privilège des actionnaires. À notre rescousse pourrait venir le professeur Bernard TEYSSIÉ ; selon lui, la pratique des jetons de présence « *n'est pas assimilable à un dividende en nature, car elle s'opère « per capita » et non en proportion des actions détenues* » (77). Cependant, aurait observé Paul CHEMINAIS, « *certains actionnaires, recevant par action un jeton modeste, mais détenant de nombreuses actions, recevaient des sommes considérables* » (78).

54. – D'un autre côté, c'est le conseil d'administration qui détermine ce que chacun recevra en jetons de présence. Effectivement, l'assemblée générale se contente d'en déterminer l'enveloppe globale. Bien au contraire, s'agissant des dividendes, leur distribution est faite par l'assemblée générale elle-même. Celle-ci peut d'ailleurs préférer que seuls les jetons soient servis, les sommes distribuables sous forme de dividende devant plutôt être mises en réserve.

55. – La pratique agacera les actionnaires minoritaires qui, n'étant pas membres du conseil d'administration, ne recevront jamais de jetons, et donc rien de leur investissement pendant

---

76) Renaud Mortier et Bruno Zabala et Sylvie de Vendeuil, La réforme du droit des sociétés par la loi Pacte, Loi n° 2019-486 du 22 mai 2019, Droit des sociétés n° 6, Juin 2019, étude 8.

77) Yves GUYON, Répertoire de droit des sociétés, Assemblées d'actionnaires, septembre 2002, n° 119 ; A. TUNC, L'effacement des organes légaux de la société anonyme, D. 1952, chron. 73.

78) Paul Cheminais, Chronique juridique et fiscale, le jeton de présence, Revue de l'industrie minérale, publiée par la Société de l'industrie minérale, N° 276, 15 juin 1932.

des années (79). Si (comme les dividendes) les jetons résultaient de la possession d'actions, alors le conseil d'administration devrait cesser d'avoir compétence pour leur allocation aux bénéficiaires. Il faut ajouter que les dividendes ne sont servis (aux actionnaires majoritaires et aux actionnaires minoritaires) que si la société est bénéficiaire (80).

56. – Au contraire, le versement des jetons de présence est autorisé même à une société déficitaire. Les sommes correspondantes sont en effet des dépenses d'exploitation. Elles doivent être soustraites du chiffre d'affaires, quand on veut savoir s'il y a un bénéfice net, et donc s'il est possible de verser des dividendes. Par conséquent, dire que les jetons de présence sont les fruits de l'action, c'est se condamner à ne pas en distribuer lorsque, précisément, les actions n'ont rien produit, puisque la société se trouverait déficitaire cette année-là.

57. – Du reste, si le droit à des jetons de présence était attaché directement et nécessairement au fait d'avoir des actions, il conviendrait d'en étendre le bénéfice à tous les actionnaires de la société. C'est-à-dire ne point les réserver à ceux des actionnaires qui auront participé aux assemblées, ou qui s'y seront fait représenté. La théorie juridique prévoit en effet que les actionnaires soient placés sur un pied d'égalité, s'agissant de leur accès aux bénéfices générés par l'activité

---

79) Didier Poracchia, La mise en réserve systématique des bénéfices distribuables n'est pas nécessairement abusive ? Rev. sociétés 2020. 675 ; Jean-Marc Moulin, Abus de majorité et mise en réserve des bénéfices, Rev. sociétés 2021. 90 : *« La mise en réserve systématique des bénéfices sociaux n'est pas constitutive d'un abus de biens sociaux dès lors qu'elle vient au soutien d'une politique sociale couplant investissements et bonne et prudente gestion ».*

80) Code de commerce, article L232-12. Ce Code parle alors de dividende fictif.

sociale (81). Par accès égalitaire, il faut plutôt entendre accès proportionnel. Car, pour chacune des actions de son portefeuille, un actionnaire reçoit une portion identique du bénéfice réalisé par la société. Du coup, un actionnaire détenant beaucoup d'actions perçoit forcément davantage d'argent que l'actionnaire titulaire de quelques actions seulement.

58. – Autrefois (et il y aura bientôt cent ans), le professeur Albert Wahl, avait plutôt recommandé d'intégrer les jetons de présence dans les bénéfices des professions commerciales (82). En d'autres termes, il assimilait le jeton de présence à une part de bénéfice obtenu de sa profession par l'actionnaire.

59. – Encore que « *la reconnaissance de l'exercice d'une profession commerciale au sens de l'article 34 du C.G.I. [Code Général des Impôts] n'implique pas nécessairement une occupation permanente, ou même prépondérante, du contribuable à*

---

81) Frédéric POLLAUD-DULIAN, La querelle du dividende majoré, un aspect du principe d'égalité dans le droit des sociétés cotées en bourse, La Semaine Juridique Edition Générale n° 32, 8 Septembre 1993, doctr. 3697 : « *le dividende majoré, dans son principe même, nous semble encourir d'importantes critiques. En créant deux catégories d'actionnaires pour un même type d'action, il fournit l'occasion de revenir sur la place du principe d'égalité en droit des sociétés, et spécialement lorsque ces sociétés font appel public à l'épargne et sont cotées dans le marché ouvert que constitue la Bourse. La licéité du dividende majoré est problématique au regard des dispositions de la loi du 24 juillet 1966. En outre, l'opportunité d'un tel système appliqué aux actions de sociétés cotées en bourse paraît plus que douteuse* ». Gilbert PARLEANI, Absence, en droit de l'Union européenne, d'un principe autonome d'égalité entre actionnaires, Rev. sociétés 2010. 45 : « *La juridiction de renvoi [question préjudicielle à la CJUE] demande, en substance, s'il existe un principe général du droit communautaire de l'égalité des actionnaires en vertu duquel les actionnaires minoritaires sont protégés* ».

82) M. WAHL, Revue des Sociétés, janvier 1928.

l'activité considérée. De même n'est-il pas indispensable que les bénéfices industriels et commerciaux réalisés constituent l'essentiel des ressources du contribuable, ou soient tels qu'ils lui assurent, par eux-mêmes, des moyens d'existence suffisants » (83).

60. – Toutefois, même en concédant que tous les bénéficiaires de jetons soient des actionnaires, il semble difficile d'alléguer que le port de cette qualité (d'actionnaire) revienne à exercer une profession. À moins d'admettre que le propriétaire (de biens mobiliers ou immobiliers), qui gérerait son patrimoine, exercerait conséquemment une profession (84). Encore une fois, les jetons ne découlent pas de l'exercice d'une profession ; leur calcul épouse le mieux possible, aussi bien le temps perdu par l'actionnaire qui se sera déplacé, que les frais inhérents à ce déplacement.

61. – D'autres auteurs ont aussi tout vainement emprunté la nature juridique des traitements et salaires pour l'affubler aux jetons de présence. Cette assimilation n'a pas convaincu. La raison est qu'il n'y a pas de lien de subordination entre l'actionnaire et la société. Il n'y a d'ailleurs pas de prestation d'un travail de l'un (l'actionnaire) au profit de l'autre (la société).

62. – Or, la subordination et la prestation sont les critères d'identification de la relation de travail, tout au moins

83) Bernard CASTAGNÈDE, l'entreprise et la profession en droit fiscal, Droit fiscal n° 17, 22 Avril 1992, 100013.

84) Paul Cheminais, Chronique juridique et fiscale, le jeton de présence, Revue de l'industrie minérale, publiée par la Société de l'industrie minérale, N° 276, 15 juin 1932. Au fond, peut-être s'enrichit-on parfois grâce aux jetons de présence. Mais alors, il faudrait supposer une frénésie de réunions, leur fréquentation régulière, de même qu'une somme conséquente pour chacune d'elles.

relativement au travailleur. Pour mieux s'apercevoir qu'il n'existe pas de prestation de travail dans le fait d'accomplir sa fonction sociale (ici participer aux assemblées), il faut se rappeler que l'actionnaire peut se faire représenter. Or, nul n'envoie quelqu'un exécuter à sa place son labeur personnel.

63. – Le cas échéant, l'employeur devra l'avoir accepté ; ce qui signifie que, à l'inverse, son refus serait possible (85). En fait, dirait Paul CHEMINAIS, l'actionnaire diligent « *gère le bien commun et son propre bien. Il fait œuvre de propriétaire, et rien de plus* » (86). Naturellement, l'on ne saurait ici parler de gestion d'affaires (d'autrui sans mandat).

64. – Certes, des salariés perçoivent désormais des jetons de présence (87). De plus, depuis 2019, le législateur a

---

85) Arthur Lampert, Entre salarié et travailleur indépendant, un débat frontalier permanent, La Semaine Juridique Social n° 49, 8 Décembre 2020, 3096. Jean Baptiste Vila, Encyclopédie des collectivités locales, Chapitre 2 - Contrat de délégation de service public : cadre général de l'exécution , A - L'exécution personnelle et ses limites, Octobre 2019, n° 193 : « *En matière de contrats de la commande publique et notamment pour les conventions de délégation de service public, un principe semble intangible : l'exécution personnelle du contrat par le délégataire choisi au terme de la procédure* ». Dans le contrat d'entreprise, le titulaire du contrat (principal) peut s'adjoindre des sous-traitants (au moyen de contrats secondaires). Ces derniers ont intérêt à se déclarer au maître de l'ouvrage pour bénéficier de l'action directe contre maître d'œuvre (principal) devenu insolvable.

86) Paul Cheminais, Chronique juridique et fiscale, le jeton de présence, Revue de l'industrie minérale, publiée par la Société de l'industrie minérale, N° 276, 15 juin 1932.

87) Olivier André, Gaz. Pal. 4 déc. 2018, n° 338f8, p. 60 : Heures de délégation : caractère de rémunération complémentaire des primes : « *Les primes versées aux salariés en compensation des sujétions particulières liées à leur emploi, n'ayant pas la nature de frais professionnels engagés par le salarié, constituent un élément de la rémunération du temps de travail du représentant du personnel lorsqu'il fait usage de ses heures de délégation* ».

résolument opté pour l'appellation « *rémunération* » en remplacement de celle de jetons de présence. Comme dirait le professeur Patrick SERLOOTEN, il s'agit de « *jetons de présence spéciaux qui peuvent être attribués au président du conseil d'administration, au directeur général ou à l'administrateur délégué. Il s'agit en effet de la rémunération d'un travail de direction qui est en principe imposée dans la catégorie des salaires (du moins dans la mesure où ils ne sont pas jugés excessifs)* » (88).

65. – Nous conservons cependant un doute sur l'extension de la mesure abrogative aux jetons perçus par les actionnaires eux-mêmes. Nous soupçonnons en effet le législateur d'avoir essentiellement songé aux membres de conseils d'administration, oubliant donc les actionnaires qui participent aux assemblées générales. En tous cas, la même réorientation nominative prospère sous d'autres cieux, notamment en Afrique.

66. – Effectivement, selon Roger NEVRY, « *en dépit de leur dénomination, ces sommes sont attribués tant aux absents qu'aux présents aux réunions du conseil. C'est la raison pour laquelle le législateur OHADA a préféré à l'appellation «jetons de présence», celle d'indemnités de fonction* » (89).

67. – Le professeur Francis KESSLER semble approuver l'assimilation aux salaires, faite par la Cour de cassation, à propos des jetons de présence d'administrateurs d'une société coopérative. La raison est que les intéressés y avaient le

---

88) Patrick SERLOOTEN, Rémunération des dirigeants sociaux : régime fiscal, Répertoire des sociétés, Janvier 2017, n° 20.

89) Roger Nevry, Le régime juridique de la rémunération des dirigeants sociaux en droit OHADA. Revue juridique de l'Océan Indien, Association " Droit dans l'Océan Indien " (LexOI), 2015, pp.157-185. hal-02547866.

statut de salariés et que leur activité d'administrateurs se confondait avec leur travail classique au sein de la coopérative. Les jetons de présence reçus devaient donc être considérés comme des éléments constitutifs de leur salaire, et donner lieu au paiement de cotisations sociales (90).

B. – La nature juridique retenue pour les jetons de présence

68. – Selon une approche consacrée par les autorités créatrices du droit positif, les jetons de présence constitueraient des revenus mobiliers. Ainsi, écrivent les professeurs Michel GERMAIN et Véronique MAGNIER, « *n'étant pas des salaires, les jetons de présence sont imposés comme des revenus mobiliers et ne sont pas soumis aux cotisations de sécurité sociale* » (91).

---

90) Francis Kessler, Rémunération des dirigeants : régime social, Répertoire des sociétés, Janvier 2018 (actualisation : Avril 2019). L'éminent auteur se fondait sur cet arrêt : Cass. Soc., 06 mars 2003, RJS 2003, n° 682.

91) Michel Germain et Véronique Magnier, Traité de droit des affaires de Ripert et Roblot, t. 2, 20e éd., 2011, n°1644. Une lecture plus en profondeur aurait peut-être permis de noter les deux auteurs n'exonèrent que les actionnaires. Car on sait que les administrateurs sont redevables à la Sécurité sociale. « *Dans l'arrêt du 16 avril 1992, la Cour de cassation après avoir rappelé que le président du conseil d'administration d'une société anonyme, au sens de l'article 113, alinéa 1er de la loi n. 66-337 du 24 juillet 1966, entre dans le champ d'application de l'article L. 311-3-12° du Code de la sécurité sociale, estime que les sommes qui sont mises à la disposition d'un dirigeant par inscription à son compte courant entrent dans l'assiette des cotisations même si, sans y avoir renoncé, le dirigeant n'a pas disposé effectivement de ces sommes* » (Gérard VACHET, Droit de la sécurité sociale, La Semaine Juridique Entreprise et Affaires n° 42, 15 Octobre 1992, 181). Plus précisément, « *si les jetons sont versés aux administrateurs en leur qualité, ils ne sont pas assujettissables dès lors qu'ils constituent la rémunération de l'activité indépendante des intéressés en tant que membres du conseil d'administration et ne leurs sont pas alloués en contrepartie ou à l'occasion de leur travail salarié. Il en va*

ISSN 3096-8152

69. – Le problème est qu'une dizaine de lignes plus haut, ces deux auteurs donnent à lire que : « *Sauf dans certaines petites sociétés familiales, les fonctions de membres du conseil d'administration ne sont pas exercées à titre gratuit. Elles sont rémunérées normalement par des jetons de présence dont le montant est déterminé par l'assemblée générale et porté aux charges d'exploitation. Ces jetons rétribuent la présence des administrateurs aux séances du conseil* ». Ainsi donc, ils reconnaissent implicitement que l'argent perçu par les administrateurs (les jetons de présence) découlent de leur activité, mais non pas d'une quelconque valeur mobilière.

70. – Dans l'arrêt M. de la MOTTE BOULOUMIÉ, la chambre commerciale de la Cour de cassation avait rappelé (dans une incise) que les jetons de présence relèvent des revenus des capitaux mobiliers (92). Le même arrêt aura approuvé un jugement en dernier ressort d'avoir proclamé que : « *les jetons de présence alloués à M. de la Motte Bouloumié ne pouvaient être pris en compte pour l'application de l'article 885 0 bis du CGI, ne constituant pas une rémunération au sens de ce texte* ». Pourquoi ne s'agissait-il pas d'une rémunération digne de prise en compte ? La réponse proclamée « *à bon droit* » par les juges du fond aura été que les jetons de présences « *rémunèrent indistinctement et forfaitairement la participation des membres du conseil de surveillance audit conseil et non une activité effective et que leur nature ne peut être modifiée par les modalités de leur répartition par le conseil de surveillance* ». La disposition légale dont

---

différemment s'ils sont alloués en contrepartie de leur activité salariée dans l'entreprise distincte de celle d'administrateur » (Gérard VACHET, Administrateurs de SA. Jetons de présence. Inclusion (oui), RDSS 1992. 664).

92) Cass. com., 29 juin 1999, n° 97-12 468, M. de la Motte Bouloumié.

l'administrateur souhaitait l'application (en vue de payer moins d'impôt) ne pouvait vraiment pas jouer (93).

71. – La confusion persiste malgré la nouvelle vision du législateur sur la qualification des jetons de présence. Ainsi, Monsieur le professeur Patrick Serlooten continue d'énoncer que « *les rémunérations allouées aux membres du conseil d'administration d'une société anonyme de type traditionnel ou aux membres du conseil de surveillance d'une société anonyme duale, y compris celle éventuellement allouée au président, sont, indépendamment de leur déductibilité par la société, imposées chez leur bénéficiaire dans la catégorie des revenus mobiliers* » (94). Même dans les assemblées générales dont les participants sont tous des actionnaires, il n'est pas certains que la qualification (des jetons de présence) comme revenu de valeurs mobilières soit sans critique.

72. – Car les jetons ne sont pas du tout la conséquence de la possession d'actions. Sinon, les absents y auraient droit eux aussi. Il est vrai que l'argument tombe en songeant aux administrateurs parfois absents à divers conseils, mais quand même indemnisés. En fait, leur éventuelle inassiduité est compensée par d'autres services rendus, en études et rapports. Des services qu'ils restent libres de rendre.

---

93) En effet, il faut que « *les fonctions qu'il énumère donnent lieu à une rémunération normale représentant plus de la moitié des revenus à raison desquels l'intéressé est soumis à l'impôt sur le revenu* ». Or, les jetons de présence représentent difficilement la moitié des revenus d'une personne. Même si une telle personne pouvait appartenir à plusieurs conseils d'administration de SA ; riches et généreuses. Sans compte que l'Administration fiscale déconseille les gratifications trop importantes.

94) Patrick SERLOOTEN, Rémunération des dirigeants sociaux : régime fiscal, Répertoire des sociétés, Janvier 2017, n° 20.

73. – Pour finir, la question de la nature juridique des jetons de présence a essentiellement un intérêt fiscal (et social). Car les taxes et impôts diffèrent selon la catégorie juridique à laquelle se rattache l'avantage dont bénéficie une personne physique ou morale. D'un point de vue théorique, l'on pourrait affirmer qu'il n'y a pas à payer d'impôt sur les jetons de présence, car il s'agit d'un banal remboursement de frais engagés par une personne.

74. – Mais, politiquement, une pareille réponse serait désastreuse. Car les possesseurs d'actions bénéficient déjà de la "flat tax". Celle-ci est une sorte d'impôt forfaitaire, critiquée pour sa faiblesse. Or, à l'inverse, les fruits du travail salarié continuent de supporter des prélèvements obligatoires (cotisations sociales et impôt sur le revenu). Il n'empêche que la qualification juridique la plus satisfaisante, d'un point de vue théorique, est de sommes indemnitaires.

LA DIFFICULTÉ DE CALCUL DE L'ANCIENNETÉ LUCRATIVE

Clotaire MOULOUNGUI
Maître de conférences hors classe à l'ULCO (académie de Lille)
Ancien Chef du Département Gestion des Entreprises et des Administrations
Responsable de la licence professionnelle Métiers de la Gestion et du Social

Résumé : L'ancienneté du travailleur présente une incidence sur ses droits patrimoniaux et extrapatrimoniaux à l'égard de son employeur. Mais il y a parfois des difficultés à mesurer cette ancienneté ; en particulier dans les hypothèses de travail à temps partiel, en cas de suspension du travailleur ; voire en cas d'absentéisme. L'étude ci-dessous aide à la maîtrise de ces questions.

Mots clefs : Ancienneté ; temps partiel ; suspension ; absentéisme ; avantages.

Summary: An employee's seniority affects their property and non-property rights with respect to their employer. However, there are sometimes difficulties in measuring this seniority, particularly in cases of part-time work, suspension of the employee, or even absenteeism. The study below helps address these issues.

Keywords: Seniority; part-time; suspension; absenteeism; benefits.

Plusieurs avantages auxquels les travailleurs peuvent prétendre sont liés à leur ancienneté dans l'emploi, puisque les intéressés sont alors récompensés pour leur légitimité professionnelle et/ou pour leur fidélité (95). Toutefois, la

---

95) François Dumont, L'ancienneté : un critère à géométrie variable, La Semaine Juridique Social n° 26, 26 Juin 2007, 1487.

notion n'est pas aussi facile à saisir qu'il apparaît au premier abord. Certes, ce qui est ancien emporte ancienneté. De même, celui qui exerce une activité depuis longtemps dans une entreprise a certainement de l'ancienneté. Si l'élève qui a fait sa scolarité en redoublant parfois n'est pas félicité pour la durée de son parcours, il en va autrement pour un salarié. Son ancienneté n'est pas de nature à surprendre, n'est pas sujet de moquerie et, encore moins, motif d'une défaveur.

Les professeurs Gilles AUZERO, Dirk BAUGARD et Emmanuel DOCKÈS enseignent que « *l'ancienneté est pour le salarié source de nombreux avantages, d'origine légale ou conventionnelle* » (96). Leur aîné, Jean SAVATIER, indiquait aussi qu'il arrive « *que le bénéfice d'un avantage soit subordonné, d'une part, à une ancienneté dans l'entreprise, d'autre part, à la justification d'une durée d'activité professionnelle comme salarié* » (97).

Tout d'abord, l'ancienneté donne droit au maintien de son salaire, alors que des collègues en seraient privés. L'hypothèse concerne les jours fériés que la loi n'aura pas exigé (aux employeurs) de rémunérer quand même. Normalement, en l'absence de travail au profit de l'entreprise, le salarié ne devrait rien espérer comme salaire. Toutefois, indique le Code du travail (en sont article L3133-3), « *le chômage des jours fériés ne peut entraîner aucune perte de salaire pour les salariés totalisant au moins trois mois d'ancienneté dans*

---

96) Gilles Auzero, Dirk Baugard et Emmanuel Dockès, Droit du travail, Précis Dalloz, 2018, n° 353. Ces auteurs donnent comme exemples : « *délai-congé, indemnité de licenciement, élection et éligibilité aux fonctions de représentant du personnel, garantie de rémunération ou de conservation d'emploi en cas de maladie…* ».

97) Jean SAVATIER, Répertoire de droit du travail, Ancienneté dans l'entreprise, janvier 2007, n° 20. C'est le cas pour le congé sabbatique ou pour le congé pour reprise d'une entreprise.

l'entreprise ou l'établissement ». Cependant, tempère l'alinéa 3 de cet article, « *ces dispositions ne s'appliquent ni aux personnes travaillant à domicile, ni aux salariés intermittents, ni aux salariés temporaires* » (98).

La présence à son poste de travail offre progressivement au travailleur des jours de congés payés. Il s'agira d'un temps où, sans avoir à mettre sa force de travail à la disposition de l'employeur, celui-ci n'en sera pas moins tenu de verser un salaire. Le Code du travail (art. L3141-3) dispose en effet que « *le salarié a droit à un congé de deux jours et demi ouvrables par mois de travail effectif chez le même employeur* » (alinéa 1). Il est entendu que *« la durée totale du congé exigible ne peut excéder trente jours ouvrables* » (alinéa 2).

Le mois auquel il est ici fait référence ne comprend pas forcément les samedis, les dimanches et les jours fériés. Effectivement, il suffit de « *quatre semaines ou vingt-quatre jours de travail* » pour satisfaire à cette exigence de durée mensuelle (99). Mieux, la durée d'un mois est accomplie par assimilation de certaines périodes d'inactivité à du temps de travail effectif. Précisément, aux termes de l'article L3141-5 du Code du travail, le fait de se trouver en congés payés rapporte au vacancier de nouveaux jours de congés payés.

Ce texte confère cette conséquence paradoxale à d'autres congés dont quelques uns sont plus surprenants que d'autres (100).

---

98) En revanche, dit l'alinéa 2, le maintien du salaire profite *« aux salariés saisonniers si, du fait de divers contrats successifs ou non, ils cumulent une ancienneté totale d'au moins trois mois dans l'entreprise* ».

99) Code du travail, article L3141-4.

100) En l'occurrence, l'employeur (ou sa corporation) est à l'origine des assimilations (au travail) qui concerne : les contreparties obligatoires octroyée sous forme de repos au salarié ; les jours de repos découlant d'un accord collectif ; les périodes d'arrêt maladie en lien avec l'activité

Les absences qui ne bénéficient pas de cette faveur particulière ferment donc l'accès à des avantages dont des collègues profiteront, eux. Néanmoins, a voulu le législateur, « *l'absence du salarié ne peut avoir pour effet d'entraîner une réduction de ses droits à congé plus que proportionnelle à la durée de cette absence* » (101).

La Cour de cassation rappelle que « *les jours de congés payés et d'absence, à défaut de dispositions légales ou conventionnelles ou d'un usage contraires, ne peuvent être assimilés à du temps de travail effectif* » (102). Dans un procès d'il y a une douzaine d'années, la cour d'appel de Toulouse (10 juin 2009) ne l'avait pas spontanément vu. D'ailleurs, plusieurs types

---

professionnelle. En revanche, la société tout entière (et non pas le seul employeur) devrait financer les congés payés qui résultent : d'une part des périodes de congé de maternité, de paternité et d'accueil de l'enfant et d'adoption ; d'autre part, des périodes pendant lesquelles un salarié se retrouve à la disposition de l'armée.

101) Code du travail, article L3141-6.

102) Cass. Soc., 09 février 2011, N° de pourvoi : 09-42.939, société Main sécurité, Bulletin 2011, V, n° 46.

d'absentéisme n'amputent point l'ancienneté (103). À l'inverse, le doute ne serait parfois pas déraisonnable (104).

Par ailleurs, lorsque la période de suspension est prise quand même en compte, cela permet au salarié d'obtenir tous les avantages légaux ou conventionnels inhérents à l'ancienneté dans l'emploi. En revanche, il ne peut prétendre aux avantages liés à la présence dans l'entreprise et à un travail effectif. Certes un absentéisme, par exemple en raison d'un accident du travail ou d'une maladie professionnelle est fictivement considéré comme du temps de travail effectif. Mais, seulement dans la limite d'une année. Au-delà, malgré sa conservation de la qualité de salarié, ce salarié n'engrangera plus de jours supplémentaires de congés payés. Le compteur correspondant cesse donc de tourner en sa faveur (105).

---

103) Article L3141-5 : *« Sont considérées comme périodes de travail effectif pour la détermination de la durée du congé : // 1° Les périodes de congé payé ; // 2° Les périodes de congé de maternité, de paternité et d'accueil de l'enfant et d'adoption ; // 3° Les contreparties obligatoires sous forme de repos prévues aux articles L. 3121-30, L. 3121-33 et L. 3121-38 ; // 4° Les jours de repos accordés au titre de l'accord collectif conclu en application de l'article L. 3121-44 ; // 5° Les périodes, dans la limite d'une durée ininterrompue d'un an, pendant lesquelles l'exécution du contrat de travail est suspendue pour cause d'accident du travail ou de maladie professionnelle ; // 6° Les périodes pendant lesquelles un salarié se trouve maintenu ou rappelé au service national à un titre quelconque »*.

104) Article L3141-6 : *« L'absence du salarié ne peut avoir pour effet d'entraîner une réduction de ses droits à congé plus que proportionnelle à la durée de cette absence »*.

105) C'est ainsi que la cour d'appel de Reims (16 novembre 2005) avait confirmé le jugement d'un conseil de prud'hommes, en ce qu'il avait condamné l'employeur à payer des sommes au titre des congés payés. Son arrêt n'aura pas été censuré, car la cour rémoise aura *« constaté que le salarié n'avait pas bénéficié d'un arrêt de travail supérieur à un an du fait de l'accident du travail »* (Cass. Soc., 17 octobre 2007, n° 06-40.311).

Au JO de 2014, l'on peut lire le propos suivant d'un député. À savoir que : « *La pratique est désormais bien ancrée : certaines entreprises offrent des chèques-cadeaux lors du Noël de leurs salariés ; ceux-ci sont attribués en fonction de l'ancienneté des salariés (par exemple : CDD ayant au moins 6 mois et CDI justifiant d'au moins 3 ans d'ancienneté) et de leurs absences (par exemple : exclusion des salariés absents pour maladie depuis 6 mois et plus et des salariés en congé parental à taux plein)* » (106).

La polyclinique du Val de Saône s'est engagée, dans un contrat collectif (107), de remettre un chèque 200 € aux salariés justifiant d'une ancienneté de 20 ans. En Cas d'ancienneté plus importante, s'y rajoutent 10 € par année supplémentaire. En fait, les termes (rendez-vous) suivants sont 25 ans, 30 ans et 35 ans. Le salarié qui aura attendu sa fin de carrière pour solliciter le versement promis ne se verra pas opposé de prescription extinctive. Il percevra donc 350 euros. Compte tenu du rallongement de l'âge de départ à la retraite, peut-être le seuil de 40 ans de service pouvait-il être envisagé. Cela étant, jusqu'en 2017 (et depuis 2006), l'accord ne prévoyait que l'ancienneté de 20 ans. Précisons que dans les divers cas de figure, l'intéressé aura reçu la médaille du travail correspondante.

Répartition de l'intéressement, L3314-5, alinéa 1 : « *La répartition de l'intéressement entre les bénéficiaires peut être uniforme, proportionnelle à la durée de présence dans l'entreprise au*

---

106) L'attribution de chèques-cadeaux en fonction de l'ancienneté peut justifier un redressement URSSAF, La Semaine Juridique Social n° 20, 20 Mai 2014, act. 193 et JOAN Q n° 43931, 6 mai 2014, p. 3688.

107) Accord collectif sur les thèmes de la négociation collective annuelle obligatoire, (pour l'année 2018), A07118002552, Article 9.

cours de l'exercice ou proportionnelle aux salaires. L'accord peut également retenir conjointement ces différents critères ».

Répartition de la réserve spéciale de participation. Selon l'article L3324-5 du Code du travail, « *l'accord de participation peut décider que cette répartition entre les bénéficiaires est uniforme, proportionnelle à la durée de présence dans l'entreprise au cours de l'exercice, ou retenir conjointement plusieurs de ces critères* ». La répartition des actions entre les salariés est organisée par l'article L3332-14 du Code du travail. Son alinéa 1 prévoit que « *les actions gratuites attribuées aux salariés [...], peuvent être versées, [...] sur un plan d'épargne d'entreprise, dans la limite d'un montant égal à 7,5 % du plafond annuel de la sécurité sociale par adhérent, sous réserve d'une attribution à l'ensemble des salariés de l'entreprise* ». Aux termes du troisième alinéa, « la répartition peut être uniforme, proportionnelle à la durée de présence dans l'entreprise au cours de l'exercice ou proportionnelle aux salaires ou retenir conjointement ces différents critères ».

I. – La confrontation au temps partiel, à l'intermittence et aux suspensions

L'ancienneté repose quelquefois sur un temps de disponibilité continue au profit de l'employeur. Des plumes autorisées convoquent alors « *l'idée de services continus, assimilée à celle de travail effectif* » (108). Selon le professeur Jean SAVATIER,

108) Gilles Auzero, Dirk Baugard et Emmanuel Dockès, Droit du travail, Précis Dalloz, 2018, n° 353 ; Brigitte Reynès, L'ancienneté en droit du travail, quelles perspectives ?, RDT 2007. 702. D'après cette auteure, cette notion d'ancienneté de services continus procède d'une vision étroitement synallagmatique du contrat de travail ; initiée par la jurisprudence, elle a fini par être consacrée par le législateur, précise-t-elle.

« *les problèmes posés par le calcul de l'ancienneté sont communs à tous les cas où des avantages sont subordonnés à une ancienneté dans l'entreprise. Mais la rédaction des textes légaux ou conventionnels sur l'ancienneté exigée pour bénéficier de ces avantages étant différente, les solutions à ces problèmes ne sont pas nécessairement identiques pour chaque avantage. Cela correspond à la relativité de la notion d'ancienneté* » (109). François DUMONT préfère à cette notion celle de « *critère à géométrie variable* », ainsi qu'il intitule son étude sur ces questions (110). C'est aussi de la sorte que, à la même époque, s'exprimait Brigitte REYNÈS (111).

L'employeur et le salarié se disputent parfois sur l'ancienneté de ce dernier (112). Pour le salarié, la question n'est pas théorique et anodine. En effet, des conséquences extrapatrimoniales et (surtout) patrimoniales en découlent.

---

109) Jean Savatier, Répertoire de droit du travail, Ancienneté dans l'entreprise, janvier 2007, n° 97 et suivants. Voire aussi Hélène Tissandier, dans Age, ancienneté et expérience : le mélange des genres, Revue de Jurisprudence Sociale, Editions Francis Lefebvre, 2012.

110) François Dumont, L'ancienneté : un critère à géométrie variable, La Semaine Juridique Social n° 26, 26 Juin 2007, 1487). D'après lui aussi, « *de nombreuses dispositions légales, conventionnelles ou contractuelles la prennent en compte [l'ancienneté] pour l'obtention d'avantages* ».

111) Brigitte REYNÈS, L'ancienneté en droit du travail, quelles perspectives ?, RDT 2007. 702 : « *les expressions rencontrées au détour du Code du travail laissent augurer du fait que la notion d'ancienneté n'est pas uniforme mais à géométrie variable* ».

112) L'ancienneté mentionnée sur le bulletin de paie est présumée la bonne jusqu'à preuve du contraire. Mieux, « *selon la Cour de cassation, la date d'ancienneté figurant dans le bulletin de paie d'un salarié « vaut présomption de reprise d'ancienneté sauf à l'employeur à rapporter la preuve contraire. Notons donc qu'il ne s'agit que d'une présomption simple qui supporte la preuve contraire* » (François TAQUET, Détermination de l'ancienneté du salarié, Revue des procédures collectives n° 6, Novembre 2018, comm. 194).

Mieux, d'autres de ses droits augmentent avec l'ancienneté acquise. Le doute s'insinue lorsque la présence du salarié aura été intermittente dans l'entreprise. Soit parce qu'il en sera parfois sorti (pour vivre le chômage), soit parce qu'avant d'y entrer pleinement, il y aura effectué des missions.

Dans l'espèce tranchée par la cour d'appel de Nîmes (1er décembre 2003), la société Iséa refusait d'admettre que l'ancienneté de son salarié excédait deux années au jour de la rupture. Car, de son point de vue, « *l'ancienneté doit nécessairement s'entendre comme une période continue d'appartenance à l'entreprise, permettant la prise en compte, pour son calcul, des périodes de suspension du contrat, et non des périodes d'interruption de la relation de travail* ».

Le moyen du pourvoi aura ici emprunté une distinction, que l'on trouve dans le Code civil, entre la suspension et l'interruption, relativement à la prescription (acquisitive ou extinctive). À savoir que si un délai n'est pas préfix, quand un certain évènement survient, son décompte doit s'arrêter. Selon le type d'évènement, la loi commande de parler de suspension ou bien d'interruption. Dans le cadre de l'acclimatation du mécanisme à l'ancienneté, les prévisions du Code civil ne sont pas opérantes en droit du travail.

L'idée générale est néanmoins que la suspension arrête le décompte de la durée, laquelle est conservée pour le cas où, l'évènement ayant disparu, le calcul reprenne. Quand en revanche il s'agit d'une interruption, le comptage reprend de zéro, la durée précédente étant perdue. Bien entendu, l'employeur invoquait l'interruption, puisqu'en vertu de celle-ci l'ancienneté devait forcément être plus faible que dans l'hypothèse d'une suspension.

En l'espèce, la cour d'appel nîmoise avait pris en compte la durée de toutes les missions professionnelles antérieures au recrutement (idée de suspension). Or, faisait observer l'appelant, il y avait le délai d'un mois ayant séparé la fin de sa mission, effectuée à temps partiel, et son recrutement en qualité de salarié (idée d'interruption). La cour de cassation a eu la même lecture de la convention collective nationale applicable (que les juges du fond).

On lit dans l'arrêt rendu que cette convention « *ne subordonne pas la prise en compte des missions professionnelles effectuées par le salarié avant son recrutement à l'exigence d'une présence continue du salarié dans l'entreprise* » (113). Aucune des durées précédentes n'étaient donc perdue. Cette jurisprudence est absolument conforme à la loi.

Laurent Drai, Ancienneté et indemnité conventionnelle de licenciement, La Semaine Juridique Social n° 50, 19 Décembre 2017, 1412 : « *Concernant la suspension du contrat, elle entraîne suspension du délai d'ancienneté, sauf dans les cas où la période de suspension est assimilée à un temps de travail effectif* ». Dès lors, poursuit-il, « *à défaut de précision, le caractère successif des emplois n'est donc pas synonyme de relation de travail ininterrompue. Ainsi, en présence de stipulations conventionnelles, l'appréciation des conditions et modalités d'octroi de l'indemnité de licenciement doit être réalisée au strict regard de la convention. Ce n'est qu'à défaut de prévision conventionnelle que la loi pourra être appliquée à titre supplétif par le juge* ».

---

113) Cass. Soc., 26 avril 2006, n° de pourvoi: 04-40939, Bulletin 2006 V N° 150 p. 145. La convention en cause était celle des ingénieurs et cadre de la métallurgie du 13 mars 1972.

Sans absentéisme, le salarié atteindrait plus rapidement les seuils temporels d'accès à un droit. Une fois ce palier atteint, peut-être se trouvera-t-il qu'il y ait des tranches d'ancienneté. Or, dans celles-ci, les absences non assimilées à du temps de travail effectif diminuent l'ancienneté ou, tout au moins, en bloquent la progression. En pratique, plusieurs conventions collectives prévoient des tranches, afin que les salariés les plus anciens gagnent forcément davantage que les nouveaux.

Un employeur s'est pourvu en cassation contre un autre arrêt de la Cour d'appel d'Aix-en-Provence (du 19 février 2007) qui l'avait condamné à payer une somme au titre de l'indemnité conventionnelle de licenciement. D'après cet employeur, la convention collective ouvrait cette prime aux seuls salariés dont l'ancienneté allait "de cinq à dix années" et "au-delà de dix ans". L'expression 5 à 10 ans invitait-elle à procéder au calcul de l'indemnité sur 10 années, ou uniquement sur 5 années. Ce qui aurait signifié (à croire l'employeur) que les premières années ne rapportait rien aux salariés.

De plus, et quelle que soit la réponse à cette première question, une seconde se profilait. À savoir si, pour une personne comptant plus d'une dizaine d'années d'ancienneté, il fallait n'utiliser que le taux (plus intéressant) de la seconde tranche ? Si oui, avant de déterminer la somme indemnitaire totale, deux calculs intermédiaires étaient à faire, pour chacune des deux tranches.

La convention collective dont relevait la société Qualiconsult prévoyait deux tranches : de 2 ans à 20 ans ; et au-delà de 20 ans. Dans un contentieux, la demanderesse prétendait à un avantage soumis à une ancienneté. Question : comme elle avait été recrutée en 1998, son ancienneté avait-elle commencé à courir dès cette année-là, ou bien son décompte débuta-t-il seulement en l'an 2000 (114) ? Pour la cour d'appel d'Aix-en-Provence (1 octobre 2007), le décompte sera parti de la « *deuxième année suivant l'embauche* » ; soit l'année 2000. Curieusement, la Cour de cassation (9 décembre 2009) aura estimé que : « *le droit à indemnité conventionnelle de licenciement étant ouvert, il devait être tenu compte de la totalité des années de présence pour le calcul de celle-ci* » (115). Dans des circonstances voisines, Laurent DRAI écrit (avant et après des générations de juristes) : « *afin d'éviter le contentieux, il appartient aux partenaires sociaux de prendre soin dans la rédaction des accords collectifs de préciser, le cas échéant, que les avantages octroyés sont soumis à une condition de présence et non d'ancienneté du salarié dans l'entreprise* » (116).

Selon la Cour de cassation, « *la cour d'appel, qui a retenu pour le calcul de l'indemnité de licenciement qu'il y avait lieu d'appliquer successivement à chaque tranche d'ancienneté le taux correspondant, a fait une exacte application du texte susvisé* » (117).

---

114) Recrutée en juillet 1998 comme secrétaire d'agence de la société Qualiconsult, la dame devint attachée commerciale de la région Côte-d'Azur le 29 mars 2004 ; avant d'être rétrogradée et de redevenir secrétaire en janvier 2005. Cette rétrogradation sera survenue à une époque où elle se trouvait en arrêt maladie. Hélas, son salaire a été révisé à la baisse. Malgré ses trois lettres de protestations internes (mars 2005) sa situation demeura. Aussi sollicita-t-elle l'inspecteur du travail qui, par deux courriers (avril 2005), intervint sans davantage de succès. Dès lors, l'intéressée se résolut la juridiction prud'homale.

115) Cass. Soc., 9 décembre 2009, n° de pourvoi: 07-45521, Bulletin 2009, V, n° 280.

116) Laurent Drai, Calcul de l'ancienneté en vue de l'attribution d'un avantage conventionnel, La Semaine Juridique Social n° 29, 22 Juillet 2014, 1315.

117) Cass. Soc., 22 octobre 2008, n° de pourvoi: 07-41792 07-42020, Bulletin 2008, V, n° 200. Le texte en question était l'article 21 de la convention

ISSN 3096-8152

Quatre salariés de la SOCIÉTÉ CHARENTAISE DE DÉCOR ne connaissait sans doute pas cette jurisprudence. Sinon, ils n'auraient pas querellé leur arrêt de la cour d'appel de Bordeaux (14 octobre 2010). Celle-ci leur avait refusé un rappel d'indemnité de licenciement. Or, ils étaient convaincus que la convention applicable leur ouvrait ce droit. Il n'empêche que la Cour de cassation a rejeté leur pourvoi. Car, « *selon l'article 51 de la convention collective des métiers du verre, le calcul de l'indemnité de licenciement s'opère par tranches d'ancienneté pour toutes les formes de licenciement, y compris le licenciement économique* ».

Le point de départ du décompte de l'ancienneté a posé problème dans une affaire que l'on pouvait s'imaginer simple. Il se trouve qu'une dame a été engagée par la société Pacha expertises à compter du 17 novembre 1986. Près de dix ans plus tard (1er janvier 1996), l'employeur adhéra à une certaine convention collective (118). L'article 21 de celle-ci ouvrait droit à une prime d'ancienneté en cas d'ancienneté de cinq années.

L'employeur, suivi par la cour d'appel de Colmar (13 avril 2006) estima que le décompte de la durée devait partir de la date d'adhésion de l'employeur. Ce qui supposait que ce serait (au plus tôt) après janvier 2001. Toutefois, se basant sur cette convention et sur le Code du travail, la Cour de cassation a cassé l'arrêt colmarien. En effet, lit-on dans le sien, « *la prime d'ancienneté instituée au profit des salariés totalisant cinq années de présence dans l'entreprise et dont le taux augmente en fonction de la durée de ce temps de présence, est applicable*

---

collective l'article 15 de la convention collective des ingénieurs et cadres du bâtiment.

118) La convention collective nationale des entreprises d'expertises en matière d'évaluations industrielles et commerciales.

immédiatement aux salariés justifiant d'une ancienneté supérieure ou égale à cinq ans à la date d'entrée en vigueur de la convention collective » (119).

Comme aura écrit Laurent Drai (avant et après des générations de juristes), « *afin d'éviter le contentieux, il appartient aux partenaires sociaux de prendre soin dans la rédaction des accords collectifs de préciser, le cas échéant, que les avantages octroyés sont soumis à une condition de présence et non d'ancienneté du salarié dans l'entreprise* » (120).

Selon Brigitte REYNÈS, « *l'ancienneté entendue comme une appartenance du salarié à l'entreprise appréciée dans le cadre du contrat de travail procède de l'idée de continuité juridique de la relation de travail intégrant les durées de suspension du contrat. Cette conception d'une ancienneté centrée sur l'ancienneté dans le contrat et non sur une durée de travail, au sens quantité de travail, conjuguée à un principe d'égalité de traitement conduit à un décompte de l'ancienneté identique pour les salariés à temps partiel - ou intermittent - et à temps complet. De même la modification du mode d'organisation du temps qui s'inscrit dans la continuité de la relation contractuelle dans l'entreprise ne fait pas perdre au salarié le bénéfice de l'ancienneté acquise* » (121).

L'article 17 de la loi n° 2005-1579 du 19 décembre 2005 écarte les versements de l'assiette des cotisations sociales, lorsqu'ils ont été effectués à certains titres, en particulier celui « *de l'ancienneté ou de la durée de présence dans l'entreprise du*

---

119) Cass. Soc., 10 octobre 2007, n° de pourvoi: 06-43373, Bulletin 2007, V, N° 157.

120) Laurent Drai, Calcul de l'ancienneté en vue de l'attribution d'un avantage conventionnel, La Semaine Juridique Social n° 29, 22 Juillet 2014, 1315.

121) Brigitte Reynès, L'ancienneté en droit du travail, quelles perspectives ?, RDT 2007. 702.

salarié ». Plus précisément, dit la loi, le versement aura été fait « déduction faite des absences non assimilées à du travail effectif ». Les deux notions portent certainement sur des réalités différentes ; malgré une part de chevauchement réciproque.

Comment les distinguer ? Grâce à un litige dont l'origine aura été un contrôle de l'application de la législation sociale. À l'issue dudit contrôle, l'URSSAF de la Loire avait notifié un redressement à la société Valentin traiteur (lettre d'observations du 5 septembre 2009). Il s'agissait alors de réintégrer un bonus exceptionnel dans l'assiette des cotisations sociales. Un bonus distribué à l'ensemble des salariés, pendant le premier semestre de l'année 2006.

Cet employeur contesta la mesure. Aux fins de son annulation, il saisit le tribunal des affaires de sécurité sociale (dont on ignore le sens de la décision). En tout cas, la cour d'appel (15 janvier 2013) lui donna tort. Le motif est que l'article 17 de la loi du 19 décembre 2005 doit « *s'entendre de l'ancienneté, déduction faite des périodes de suspension du contrat de travail et doit s'apprécier dans sa globalité et sans référence à une période déterminée* ». La Cour de cassation a censuré cette interprétation. La raison est que ces « *motifs étaient insuffisants à caractériser le critère de la durée de présence prévu par le texte susvisé, distinct de celui de l'ancienneté, en tenant compte des dispositions conventionnelles applicables au sein de la société* » (122).

La Cour de cassation a félicité de juges du fond pour « *avoir exactement relevé que le critère de la durée de présence dans l'entreprise est nécessairement différent de celui de*

---

122) Cass. Civ. 2, 3 avril 2014, n° de pourvoi: 13-14105, Bull. 2014, II, n° 84, ECLI:FR:CCASS:2014:C200582.

l'ancienneté ». Dans le même arrêt, il aura été précisé que si un texte fait état de l'un et l'autre critère, les juges seraient fondés à considérer que « *la durée de présence dans l'entreprise des salariés prévu par le texte pouvait s'apprécier au regard de leur temps de travail complet ou partiel* » (123).

Pour le professeur Romain MARIÉ (124), il existe un « *principe de non-prise en compte des périodes de suspension* », lequel connaît néanmoins des exceptions. Le décompte de l'ancienneté est suspendu aussi longtemps que dure la suspension du contrat de travail. La durée déjà acquise n'est pas perdue et s'ajoutera donc à la durée future de vie de travail au sein de l'entreprise (125).

L'ancienneté dans une entreprise n'est pas seulement une question de durée, mais aussi une question de continuation

---

123) Cass. Civ. 2., 20 septembre 2012, N° de pourvoi : 11-22.137, URSSAF de la Savoie, Bulletin 2012, II, n° 146. En l'espèce, un bonus exceptionnel était versé aux salariés. L'employeur n'avait pas à cotiser dans ce cas, disait l'article 17 de la loi n° 2005-1579 du 19 décembre 2005. Il suffisait que la gratification profitât à l'ensemble des salariés, et fut éventuellement modulée entre eux en fonction du salaire, de la qualification, du niveau de classification, de l'ancienneté ou de la durée de présence dans l'entreprise. L'employeur était-il en droit de distinguer par ailleurs entre les salariés à temps plein et les salariés à temps partiel ? Il est entendu que dans l'affaire, ces derniers n'avaient perçu le bonus qu'au prorata de leur durée au travail. Contrairement aux prétentions de l'URSSAF, la cour d'appel (Chambéry, du 31 mai 2011) et la Cour de cassation ont admis la distinction (la discrimination).

124) Romain Marié, Fasc. 28-10 : SUSPENSION DU CONTRAT DE TRAVAIL. – Régime de droit commun, JurisClasseur Travail Traité, 24 Juillet 2017, n° 83. Il en est ainsi, dit-il, pour le délai congé (L1234-1 et L1234-8) ou pour l'indemnité légale de licenciement (L1234-9 et 1234-11).

125) « *Si la suspension constitue une pause dans l'acquisition progressive de l'ancienneté requise, rien ne s'oppose à ce qu'elle s'accroisse de nouveau lorsque les parties auront repris l'exécution de leurs obligations* » (Romain MARIÉ, Fasc. 28-10, précité).

juridique de l'employeur lui-même. L'idée est que, même si une entreprise s'installe dans les mêmes locaux que le précédent employeur, sans reprise de contrat, l'ancienneté acquise est perdue. Le pourvoi contre un arrêt de la cour d'appel de Versailles (26 octobre 2011) a permis à la Cour de cassation de le rappeler à celle-ci et à tous (126). Selon la juridiction suprême, pour la détermination de l'ancienneté du salarié, il doit être tenu compte non seulement de la présence continue au titre du contrat en cours, mais également de la durée des contrats de travail antérieurs dans la même entreprise. Il faut aussi prendre en considération l'ancienneté dont l'intéressé bénéficiait, en cas de mutation concertée à l'initiative de l'employeur (127). Enfin, l'on ne saurait

---

126) La cassation a été prononcée au visa l'article 14 de l'avenant « Mensuels » du 2 mai 1979 de la convention collective régionale des industries métallurgiques, mécaniques et connexes de la région parisienne du 16 juillet 1954.

127) Cass. Soc., 3 juillet 2013, n° de pourvoi: 12-11857, Bulletin 2013, V, n° 181, ECLI:FR:CCASS:2013:SO01272. En l'espèce, un carrossier avait été engagé le 7 mars 1983 par l'Association ouvrière des compagnons du devoir du tour de France. Cinq années après (1988), cette association aura créée à son tour l'Association de chantier et maîtrise des compagnons du devoir. Celle-ci se sera alors vu transférer l'ensemble du personnel des ateliers écoles. Quatre années encore plus tard (1992), cette seconde association s'éteignit ; son personnel étant licencié. Toutefois, naquit aussitôt une société coopérative entre d'anciens salariés : ASCA carrossier constructeur. C'est ainsi qu'à compter du 1er mars 1992, notre carrossier s'y sera retrouvé ; d'ailleurs après y avoir investi le montant de son indemnité de licenciement. Or, moins de 10 ans après (13 décembre 2004), il fut licencié. Son indemnité conventionnelle de licenciement lui ayant alors semblé insuffisante, il saisit la juridiction prud'homale d'une demande de complément. Il l'obtint. Pour condamner l'employeur à ce versement complémentaire, la cour d'appel versaillaise aura considéré que l'intéressé avait travaillé pour l'ASCA, nouvelle structure juridique relevant de la même entité économique (à compter du 31 décembre 1991). De sorte qu'il était bien fondé à demander la prise en compte de l'ancienneté acquise auprès de son précédent employeur. Néanmoins, la

confondre l'ancienneté dans l'entreprise avec la simple ancienneté dans le métier. Dans ce dernier de figure, Madame Brigitte Reynès dirait que c'est un synonyme de l'expression expérience professionnelle (128).

Selon un arrêt parisien (29 septembre 2015), attaqué devant la Cour de cassation, une personne avait été engagée par la société Maziers Ing dans le cadre de contrats de chantier. Le premier d'entre eux fut signé le 3 mai 2004. Le dernier de la série, en date du 1er février 2008, se sera ensuite poursuivi en contrat à durée indéterminée. Toutefois, le 4 mars 2011, le salarié fut convoqué à un entretien préalable à un licenciement pour motif économique.

Puis, l'employeur lui indiqua renoncer à cette procédure (lettre du 14 mars 2011). Il n'empêche que le 30 mars 2011, le salarié répondit favorablement à la convention de reclassement personnalisé qui lui avait été initialement présentée. Comme par rétorsion, une nouvelle procédure de licenciement lui fut notifiée ; c'était cette fois pour faute grave. Sa faute étant d'avoir contracté directement des prestations d'ingénierie auprès du principal client de l'entreprise.

Le 28 juin 2011, ce salarié saisit la juridiction prud'homale, surtout pour rupture du contrat de travail. Curieusement,

---

Cour de cassation censura l'arrêt. En voici le motif : *« l'article 14 de l'avenant « Mensuels » du 2 mai 1979, en ce qu'il prévoit la reprise d'ancienneté pour la durée des contrats de travail antérieurs dans la même entreprise, ne s'applique que si ces contrats sont conclus avec le même employeur »*. Évidemment, en pur droit, l'association et la société coopérative n'étaient pas la même personne. Du reste, en quittant l'association, l'intéressé avait déjà perçu une indemnité de licenciement qu'il aura précisément investi dans cette coopérative de production.

128) Brigitte Reynès, L'ancienneté en droit du travail, quelles perspectives ?, RDT 2007. 702.

l'employeur lui notifia un licenciement pour motif économique (le 5 août 2011). L'objet du litige porta sur le mode de calcul et corrélativement sur le montant de l'indemnité de licenciement. Si le Conseil des prud'hommes lui fut hélas défavorable, à l'inverse, la cour d'appel lui donna raison. Dans ces circonstances, il n'avait pas à rembourser le trop-perçu résultant du mode de calcul de son indemnité. Voilà pourquoi l'employeur se pourvut en cassation contre l'arrêt infirmatif. Il reprochait par ailleurs à la cour d'appel d'avoir pris en compte la série de contrats à durée déterminée. Or, de son point de vue, elle aurait dû se contenter de retenir le temps de présence continu. La Cour de cassation rejeta le pourvoi (129).

Cela étant, si la durée de chacun des contrats successifs est comptée, la durée d'inemploi entre ces contrats est logiquement exclue. Sinon, il aurait simplement fallu calculer l'ancienneté du salarié en considération de deux dates : celle du premier contrat à durée déterminée ; puis celle du départ définitif.

Pour le calcul de l'indemnité de licenciement, M. C X retient comme point de départ de son ancienneté le début de ses missions temporaires soit le 10 décembre 2007. La société soutient qu'il y a lieu de retenir comme point de départ de l'ancienneté le 1er avril 2008, en soulignant qu'il s'agit de l'ancienneté reprise dans le cadre du transfert du contrat de travail (130).

---

129) Car la convention collective nationale des bureaux d'études techniques, des cabinets d'ingénieurs-conseils et des sociétés de conseil applicable n'exigeait pas de présence continue (Cass. Soc., 4 octobre 2017, n° de pourvoi: 15-27154, société Maziers Ing).

130) Cour d'appel de Paris - Pôle 06 ch. 05, 15 avril 2021 / n° 19/05002, SAS Société Nouvelle Parquets Rocacher. Pour la juridiction, la combinaison

Cette relativité se trouve accentuée du fait que l'ancienneté est souvent prise en compte par des conventions collectives ou des clauses contractuelles (131). « *Pour calculer l'ancienneté, on peut privilégier la durée du contrat de travail ou la durée de présence effective. Si les avantages d'ancienneté sont la contrepartie d'une fidélité à l'entreprise et la reconnaissance de la stabilité du lien d'entreprise, c'est plutôt la durée du contrat qui doit être retenue, mais on ne saurait cependant éliminer le rôle du temps de travail effectif. D'autre part, la carrière du travailleur peut comporter une succession de contrats avec le même employeur, parfois séparés par des solutions de continuité. Enfin, rien n'empêche les parties de s'entendre pour prendre en compte des périodes qui, normalement, ne devaient pas entrer dans l'ancienneté et d'insérer dans leur contrat des clauses de reprise d'ancienneté* » (132).

II. – Les absences vraiment réductrices de l'ancienneté apparente

L'ancienneté d'un travailleur est au moins égale au temps écoulé entre son entrée en fonction et la date à laquelle se fait le calcul. En général, cette durée est d'une moindre longueur. Sauf dans les hypothèses exceptionnelles ou une période de service bénéficierait d'une bonification, notamment pour le temps de travail effectué à l'étranger. Alors que de nombreuses causes d'absence n'ont aucune incidence sur la

---

des deux affirmations donnait raison au salarié, en vertu de l'article L. 1251-9 du code du travail

131) Jean Savatier, Répertoire de droit du travail, Ancienneté dans l'entreprise, janvier 2007, n° 14.

132) Jean Savatier, Répertoire de droit du travail, Ancienneté dans l'entreprise, janvier 2007, n° 85.

durée de l'ancienneté, au contraire, d'autres causes en sont réductrices (133).

Après justement quelques mots sur les premières, nous disserterons davantage sur les secondes. Ces plus grands développements s'expliquent par le fait que ce sont les absences réductrices d'ancienneté qui s'avèrent néfastes pour le travailleur ; surtout pour son portefeuille.

Tout d'abord, selon Sandrine MAILLARD-PINON « *la durée du congé [maternité] est assimilée à une période de travail effectif pour la détermination des droits que la salariée tient de son ancienneté. Ainsi, l'indemnité de licenciement, dont l'existence et le montant sont subordonnés à l'ancienneté de la salariée, n'est pas affectée par la suspension du contrat de travail pendant le congé de maternité* » (134).

Cette auteure dit implicitement que l'ancienneté de la parturiente aurait pu être affectée, et qu'un tel risque subsiste pour d'autres causes de suspension. Notre interprétation vaut plus généralement encore à l'égard du discours de Lydie DAUXERRE. Car, écrit-elle, « *à l'instar de la distinction opérée en matière de congés payés, la période de suspension du contrat de travail du fait d'une maladie professionnelle ou d'un accident du travail, du congé maternité ou de la détention d'un mandat parlementaire est prise en compte pour la*

---

133) Jean Savatier, Répertoire de droit du travail, Ancienneté dans l'entreprise, janvier 2007, n° 97 et suivants.

134) Sandrine Maillard-Pinon, Maternité, Répertoire de droit du travail, octobre 2012, n° 152. Cette assimilation (socialiste ou sociale) du congé de maternité à du temps de travail effectif n'implique pas de maintien de salaire pour la parturiente. Néanmoins, beaucoup d'autres lui sont sauvegardés. Au gré de l'effeuillage du Code du travail : intéressement (art. L3314-5) ; participation (art. L3324-6) ; congés payés (art. L3141-5) ; droit individuel à la formation (art. D6323-3).

détermination des droits que le salarié tient de son ancienneté » (135).

Elle insiste en outre sur le fait que la durée du congé de présence parentale l'est pour sa totalité et non plus seulement pour la moitié (depuis la loi du 8 mars 2019). Elle convoque la même législation favorable à propos du congé de proche aidant, et à propos du congé de solidarité familiale consécutif à la mort prochaine d'un proche. Autant d'indications qui inviteraient à établir un bilan plus équilibrée (et du coup moins caricatural) des réformes "sociales" du Président MACRON et de ses gouvernements de centre-droit (136).

Certes, le Code du travail (art. L1225-54) dispose toujours que « *la durée du congé parental d'éducation est prise en compte pour moitié pour la détermination des droits que le salarié tient de son l'ancienneté* » (137).

Le nombre de types de périodes de suspension du contrat de travail, du fait d'un absentéisme qui, ensuite, contrecarrera l'ancienneté dépasse certainement la dizaine de variantes. On énoncera notamment : la grève ; la mise à pied ; la maladie non professionnelle ; le congé sabbatique ; le congé entrepreneurial ; le congé sans solde ; l'incarcération ; l'activité partielle.

---

135) Lydie Dauxerre, JurisClasseur Travail Traité, Suspensions du contrat de travail, 11 Septembre 2020. Les professeurs Gilles Auzero, Dirk Baugard et Emmanuel Dockès enseignent aussi que « *les périodes de suspension à la suite d'une maladie professionnelle ou d'un accident du travail, d'un congé maternité, de congés payés, de repos compensateur, de congé formation, seront prises en compte dans le calcul de l'ancienneté* » (Droit du travail, Précis Dalloz, 2018, n° 353).

136) Cet aparté n'est pas du tout imputable à l'auteur (Lydie Dauxerre).

137) Pierre-Yves Verkindt, JurisClasseur Travail Traité, Fasc. 28-32 : Congé parental d'éducation, MAJ 11 Mai 2016, n° 28.

ISSN 3096-8152

Vu que le Code du travail (art. L3141-5) liste des hypothèses où l'absentéisme est cependant regardé comme du temps de travail effectif (relativement à l'obtention de congés payés), l'on pourrait s'en inspirer. L'aventureuse argumentation reposerait alors sur un raisonnement a contrario et sur un raisonnement par analogie.

Ainsi, une absence qui ne serait pas légitimée par ce texte (puisque n'y figurant pas) ferait perdre du temps d'ancienneté. Mais, outre qu'un contrat collectif ou qu'un contrat individuel détromperaient parfois l'analyste, le législateur moderne prévoit volontiers des exceptions à des exceptions. Le salarié qui ne peut plus remplir les obligations de son contrat de travail ne saurait réclamer de salaire à son employeur, et sans doute non plus les avantages inhérents à l'ancienneté. Il est entendu, dit la Cour de cassation, que « *la situation résultant de l'incarcération du salarié ne constituait pas une force majeure* » (138).

En vérité, avait ajouté la Haute cour, « *seule l'existence d'une faute grave, non alléguée en l'espèce, pouvait priver le salarié du bénéfice de l'indemnité de licenciement* ». Or, cette indemnité se calque sur l'ancienneté, laquelle souffre certainement du temps de prison (139). Les périodes de dispense temporaire d'activité ne sont pas assimilées à des périodes de travail effectif, même si les salariés perçoivent l'intégralité de leur salaire. Approuvant (sur ce point-là) le conseil des prud'hommes de Clermont-Ferrand (29 janvier

---

138) Cass. Soc., 15 octobre 1996, n° de pourvoi : 93-43668, M. X c/ société RNUR CIB, Bulletin.

139) Relativement à ce droit à indemnisation, le professeur Paul-Henri Antonmattei avait alors écrit que : « *la chambre sociale de la Cour de cassation vient d'opérer un revirement de jurisprudence passé quelque peu inaperçu* » (La rupture du contrat de travail consécutive à l'incarcération du salarié, Droit social 1997. 246).

1990) Cour de cassation (08 juillet 1992) dit : « *que le droit à congés payés n'est acquis qu'en contrepartie d'un travail effectif, sous réserve des périodes assimilées par la loi ou par une convention à un travail effectif* ».

Or, en l'espèce, ni les dispositions du plan social ni celles du procès-verbal du 29 septembre 1988 n'assimilaient la période pendant laquelle les salariés avaient « *été placés en position de sureffectif provisoire, avec dispense de travail et maintien du salaire, à une période d'activité* » (140).

Le sort de la personne qui a perdu son permis de conduire ou son agrément d'accès à une zone géographique sensible interroge. La suspension joue alors certainement contre ce travailleur, car l'employeur n'a pas vocation à supporter, en dernier ressort, son inconduite ou sa malchance. Au contraire, si un tel salarié est un élu, aussi longtemps que l'inspecteur n'en aura pas autorisé le licenciement, il demeurera dans les effectifs ; avec maintien de son salaire. Alors, un raisonnement a fortiori permet de déduire que son ancienneté et les avantages corrélatifs seront pareillement préservés.

Par exemple, dans une affaire, la Cour de cassation a proclamé que : « *la cour d'appel, qui a constaté que la procédure spéciale de licenciement des délégués du personnel n'avait pas été respectée, a décidé, à bon droit, que le licenciement était nul* » (141). On perçoit quand même un bémol dans cet arrêt de rejet. La Haute Cour admet en effet que « *si le retrait*

---

140) Cass. Soc., 8 juillet 1992, N° de pourvoi : 90-42.74, société SOCAP-Michelin, Bull. civ. V, n° 460 ; la Cour se sera fondée sur le texte devenu l'article L3141-6 du Code du travail. Confer Romain Marié, Fasc. 28-10 : SUSPENSION DU CONTRAT DE TRAVAIL. – Régime de droit commun, JurisClasseur Travail Traité, 24 Juillet 2017, n° 88.

141) Cass. Soc., mardi 6 juin 2000, n° de pourvoi : 98-42867, M. X c/ société Casino Europe 92, Bulletin.

d'agrément est susceptible de justifier la résiliation du contrat de travail d'un salarié protégé, il appartient à l'autorité administrative de le vérifier ».

Autrement dit, l'employeur ne doit pas essayer de s'abstraire de la probable lenteur administrative. Plus exactement, il doit se résoudre à continuer, pendant des années peut-être, à payer le salarié (pour rien). L'employeur prendra son mal en patience et attendra stoïquement la réponse de l'inspecteur du travail ; celle du ministre du travail ; puis éventuellement celle de la juridiction administrative.

Tant en conséquence du synallagmatisme que l'unilatéralisme contractuels, on peut comprendre que l'employeur soit de plus en plus redevable à son personnel le plus ancien. En contrepartie, l'on sait que la disponibilité permanente et la fidélité (loyauté) à l'employeur caractérisent la charge des salariés.

Dans ces conditions, il serait curieux de reconnaître des avantages additionnels aux salariés qui réclament leur liberté. Ils lâcheraient ainsi l'employeur pour se mettre plus ou moins provisoirement à leur propre compte, ou ils prétendraient à une période sabbatique. Des absences plus brèves (les congés sans solde, les autorisations d'absence) n'enthousiasmes pas non plus forcément l'employeur (142).

---

142) En vérité, le Code du travail confère une action en justice au salarié éconduit de sa demande de congé sabbatique ou du congé d'exploitation d'une entreprise. L'idée serait que l'employeur abuserait de son droit de bénéficier de la disponibilité permanente du salarié. Certes, son succès est subordonné à des conditions d'effectifs, d'ancienneté et autres. Le besoin d'épanouissement et de respiration loin de l'entreprise peut se défendre. Car, il n'est pas forcément agréable, y compris pour un bon salaire, de demeurer "dans un placard" ou de rester "sur le banc de touche". D'où le

Le salarié absent du fait d'une pathologie paraît être confronté à un obstacle insurmontable ; un obstacle de nature à excuser son indisponibilité temporaire. Du point de vue de l'analyste, il n'est pas utile de recourir à la notion de force majeure. Car la loi elle-même excuse d'emblée les absences déclarées dans les formes et délais prescrits. Toutefois, l'employeur ne versera pas pour autant le salaire dans l'intervalle ; ou tout au moins, une portion seulement. D'un autre côté, cette victime d'une maladie ordinaire, c'est-à-dire sans rapport avec l'employeur, verra le compteur de son ancienneté s'arrêter.

Le refus de considérer les périodes de maladie extra-professionnelle comme étant du temps de travail effectif se vérifie à la lecture (a contrario) de l'article L1226-7 du Code du travail (143).

À cet égard, dans l'arrêt Société Locasystem, la Cour de cassation a jugé que la période de suspension du contrat de travail, pour maladie, n'entre en compte dans la durée d'ancienneté, en vue de divers avantages, que « *lorsque cette suspension est la conséquence d'un accident du travail ou d'une maladie professionnelle* » (144). C'est dès lors tout naturellement que

---

phénomène du prêt de joueurs (location en pur droit) que l'on constate dans les sports d'équipe. Surtout lorsqu'un effectif est à la fois pléthorique et excellent.

143) En effet, dispose le texte, pour tout « *salarié victime d'un accident du travail, autre qu'un accident de trajet, ou d'une maladie professionnelle* » *(alinéa 1)*, « *la durée des périodes de suspension est prise en compte pour la détermination de tous les avantages légaux ou conventionnels liés à l'ancienneté dans l'entreprise* » (alinéa 4).

144) Cass. Soc. 24 mai 2005, N° de pourvoi : 04-41.208, société Locasystem. En l'espèce, « *le conseil de prud'hommes énonce que les périodes de suspension du contrat de travail justifiées par la maladie du salarié doivent être prises en compte dans la durée de l'ancienneté* ». Conclusion de la Cour suprême : « *en statuant ainsi, le conseil de prud'hommes [d'Aix-en-Provence, 12 décembre 2003] a violé les textes susvisés* ».

ISSN 3096-8152

monsieur Emeric Jeansen énonce que l'intégration de la période de suspension du contrat dans l'ancienneté dépend de la cause de la suspension (145).

Cela étant, l'on soulignera que selon l'arrêt Société Equalis expertise, la période d'arrêt maladie ne doit pas être exclue si le calcul de l'ancienneté concerne l'octroi d'un avantage conventionnel (146). Curieusement, le législateur oblige la convention collective (et donc les employeurs) à faire preuve d'une générosité qu'oublie la loi elle-même, au profit des victimes d'affections non-professionnelles.

Si, en cas d'incarcération, le salarié est empêché physiquement et juridiquement de se rendre à son travail, seul le second de ces deux obstacles entrave le salarié mis à pied. Néanmoins, ici encore, les jours correspondant à la sanction (et donc à la suspension du contrat de travail) ne rapporte pas à l'intéressé des droits nouveaux ou améliorés. Certes, le bien-fondé de cette mise à pied peut être querellé (147).

---

145) Emeric Jeansen, Fasc. 28-20 : MALADIE, JurisClasseur Travail Traité, 15 Janvier 2018, 42). Puis, ayant relevé que « *cette durée est prise en compte lorsque la suspension du contrat est la conséquence d'une maladie ou d'un accident ayant une origine professionnelle* », *il précise que « la période demeure prise en compte au titre de l'ancienneté même si le salarié a été placé en invalidité deuxième catégorie par la caisse primaire d'assurance maladie* ».

146) Cass. Soc., 19 mars 2014, n° 12-24976, Société Equalis expertise.

147) Dans un litige, un ouvrier s'était plaint de la cour d'appel de Riom (12 février 2008) d'une demande formée au titre de la retenue sur salaire qu'il a subie consécutivement à une mise à pied. La Cour de cassation ne lui a pas donné gain de cause, les juges du fond ayant fait usage de leur pouvoir souverain d'appréciation des faits. Or, en l'espèce, *« la sanction était causée par une agression verbale commise par le salarié sur une de ses collègues »* (Cass. Soc., 24 mars 2010, n° de pourvoi : 08-44122).

Le principe de proportionnalité des sanctions et, d'abord celui de préexistence formalisée d'une obligation ou d'une interdiction, doivent avoir été observés pour qu'une mise à pied soit validée par la juridiction prud'homale (148). Le professeur François DUQUESNE relate que « *durant la période de mise à pied, dont la durée maximale est fixée par le règlement ou l'accord collectif sous peine de nullité, le contrat de travail est suspendu* » (149).

Naturellement, il faut savoir distinguer la mise à pied disciplinaire de la mise à pied conservatoire. En vertu de la première, le salarié gardera son emploi dans chez l'employeur, alors que la mise à pied conservatoire est un prélude au licenciement. Comme cette dernière n'est pas une sanction, son prononcé peut être immédiatement fait, sans besoin de

---

148) Au visa des articles L1321-1 et L1331-1 du code du travail, la Cour de cassation a eu à proclamer d'importants principes (Cass. Soc., 6 octobre 2010, n° de pourvoi : 09-42740, société Thomson CS, Bulletin 2010, V, n° 243). D'une part, « *dès lors que le règlement intérieur fixe les règles générales et permanentes relatives à la discipline, notamment la nature et l'échelle des sanctions que peut prendre l'employeur, une sanction ne peut être prononcée contre un salarié que si elle est prévue par ce règlement intérieur* ». D'autre part, « *une mise à pied prévue par le règlement intérieur n'est licite que si ce règlement précise sa durée maximale* ». Or, un salarié de l'entreprise Thomson avait été mis à pied pour 5 jours, malgré le silence du règlement intérieur sur la durée maximale applicable. Selon la cour d'appel de Rennes (12 mai 2009), « *une telle sanction est inhérente au pouvoir disciplinaire de l'employeur, lequel a la faculté, en l'absence de dispositions restrictives d'un règlement intérieur ou d'une convention collective, d'en faire usage sous la seule réserve du contrôle de l'autorité judiciaire* ». Compte tenu des principes du visa ci-dessus cet arrêt rennais a été cassé.

149) François Duquesne, Droit du travail, Mémentos LMD, Gualino, 14è éd. 2019, p.102 : « *Le travailleur, exclu à titre temporaire de l'entreprise, ne peut se présenter à l'embauche sous peine de commettre un acte d'insubordination constitutif d'une faute grave. Il lui est loisible, cependant, d'exercer un mandat de représentation du personnel* ».

ISSN 3096-8152

suivre une procédure particulière (laquelle sera en effet suivie pour le licenciement à venir).

En vérité, l'employeur n'est pas tenu de se montrer impitoyable ; il peut finalement se raviser et (par exemple) appliquer une mise à pied disciplinaire. Mais encore une fois, l'employeur doit agir avec diligence pour que le salarié soit fixé sur son sort (150). En revanche, un licenciement qui suivrait aussitôt l'exécution de la mise à pied disciplinaire constituerait une seconde sanction pour les mêmes faits, et serait donc illicite (151).

Le sort du salaire et des avantages liés à l'ancienneté souffrent de l'exercice de leur droit de grève par les salariés. Un tel mouvement social peut durer quelques heures, quelques jours, quelques semaines, voire quelques mois. Le temps en question sera soustrait de l'ancienneté apparente des grévistes. Malgré la recommandation qui est faite par la Constitution au législateur, « *le Code du travail ne définit, ni ne fixe les contours de cette liberté* », fait observer le professeur Antoine MAZEAUD (152). Or, une grève qui serait illicite exposerait ses participants aux sanctions disciplinaires prévues pour l'absentéisme et pour l'inexécution de ses tâches, dont la plus grave est le licenciement. Pour être licite, la grève doit éviter d'apparaître comme strictement politique et anti-gouvernementale. Les professeurs Gilles AUZERO, Dirk BAUGARD et Emmanuel DOCKÈS donnent quelques exemples

---

150) Romain Marié, Fasc. 28-10 : SUSPENSION DU CONTRAT DE TRAVAIL, Régime de droit commun, JurisClasseur Travail Traité, 24 Juillet 2017, n° 30.

151) 6 novembre 2001, N° de pourvoi : 99-43012, Bulletin.

152) Antoine Mazeaud, Droit du travail, Précis Domat Droit privé, LGDJ, 2016, n°

de grèves licites (153). En outre, elle doit simplement consister en un arrêt de tout travail ; sauf en cas de sujétions particulières. Enfin, elle doit impliquer plusieurs individus à la fois, même en l'absence de syndicat. Hormis quelques secteurs (liés à l'intérêt général), aucun préavis n'est nécessaire : l'employeur peut ainsi avoir à découvrir au même moment, tant la cessation de travail que les revendications dont la satisfaction permettra sa fin.

Proche de la grève, il y a le droit de retrait, lequel appelle pourtant une solution opposée, malgré la même protection contre le licenciement (154). Dans ce cas de figure, un salarié se sera arrêté d'œuvrer au profit de son employeur parce qu'il aura perçu ou aperçu un danger grave et imminent, pour lui-même ou pour autrui. Quelle que soit la durée d'un tel arrêt, le salarié conserve tous ses droits légaux et conventions (salaire, congés payés, ancienneté, etc.). Au fond, l'employeur devrait se féliciter de s'être attaché les services d'un salarié si consciencieux. Car ce dernier le préservera du paiement probable de dommages-intérêts. Les uns à destination de ce salarié, alors victime de la faute lourde de l'employeur, puisque celui-ci n'aura pas satisfait à son obligation de sécurité de résultat envers le personnel. Les autres dommages-intérêts possibles iraient aux tiers victimes, dans le cadre de la responsabilité du fait des choses (de

---

153) Gilles Auzero, Dirk Baugard et Emmanuel Dockès, Droit du travail, Précis Dalloz, 2018, n° 1503 : *« La grève professionnelle licite est non seulement celle qui tend à obtenir une augmentation des salaires, mais aussi celle qui tend à obtenir de meilleures conditions de travail, celle destinée à contraindre l'employeur à remplir des engagements […] »*.

154) Patricia Pochet, Est nul le licenciement prononcé par l'employeur pour un motif lié à l'exercice légitime par le salarié du droit de retrait de son poste de travail dans une situation de danger, La Semaine Juridique Entreprise et Affaires n° 25, 18 Juin 2009, 1638 ; Obs. sous Cass. Soc., 28 janvier 2009, n° 07-44556, SNC Sovab, Bulletin 2009, V, n° 24.

ISSN 3096-8152

l'entreprise), ou de la responsabilité du fait d'autrui. Mais encore faut-il que la situation ait été vraiment source d'un danger à la fois proche et sérieux, ou comme l'on dit dans les prétoires, "grave et imminent. Le juge absout néanmoins le salarié qui, de bonne foi, aura pu raisonnablement se tromper. Car il est malaisé de choisir entre l'aveuglement (continuer comme si de rien n'était) et la légèreté (s'arrêtant à tout bout de champ). La jurisprudence ci-dessous révèle la difficulté du travailleur (155).

155) Dans cette histoire, jugée par la juridiction administrative (02 juin 2015), mais transposable dans le secteur privé, une professeure de philosophie du lycée Léon Blum de Créteil avait refusé de travailler le 6 septembre 2012. Elle exerçait alors son droit de retrait. Contestant le bien-fondé de son arrêt, le recteur de l'académie de Créteil lui fit retirer une journée de traitement. La mesure fut maintenue malgré sa tentative d'arrangement amiable. De sorte que la professeure dut saisir le tribunal administratif de Melun (AJFP 2016, p.94). Outre la portion perdue de rémunération, elle souhaita une indemnité de 3000€, pour les préjudices prétendument subis. Or, pouvait-on parler de droit de retrait dans son cas ? Concrètement, plusieurs extincteurs de l'établissement n'étaient pas à leur place ou n'étaient pas fonctionnels, en raison de dégradations opérées par des vandales. En outre, il y avait un encombrement de certaines salles de classe ; au point qu'une éventuelle évacuation (des élèves et des enseignants) aurait été difficile. Le tribunal a cru devoir donner tort à l'enseignante. En voici le motif essentiel : *« cette situation, pour regrettable qu'elle soit, n'était pas de nature à faire raisonnablement penser qu'il existait une situation de danger à la fois grave et imminent pour la vie ou la santé de l'enseignante ou de ses élèves justifiant qu'elle fasse usage de son droit de retrait »*.

L'ABSENTÉISME PAR CHOIX D'UNE AUTRE ACTIVITÉ CONCOMITANTE

Clotaire MOULOUNGUI
Maître de conférences hors classe à l'ULCO (académie de Lille)
Ancien Chef du Département Gestion des Entreprises et des Administrations
Responsable de la licence professionnelle Métiers de la Gestion et du Social

Résumé : La personne absente à l'endroit où elle était attendue aura souvent fait un choix plus ou moins libre. Pourquoi ce choix, et quelles conséquences en découlent ? En une quinzaine de subdivisions, l'étude fait le point sur ce problème.

Mots clefs : Cumul d'emplois ; double parcours ; activités associatives ou politiques ; députés ; sénateurs ; bien-être.

Abstract: A person who is absent from the place where they were expected will often have made a more or less free choice. Why this choice, and what consequences does it entail? This study examines this problem in fifteen subdivisions.

Keywords: Multiple job holding; dual career paths; community or political activities; members of parliament; senators; well-being.

§§§§§§§§§§§§§§§§

1. – L'absentéisme par quête de sécurité ou de bien-être.

Le terme travail est un synonyme approximatif de l'effort ou de la souffrance. Dans ces conditions, le travailleur est quasiment un masochiste, lui qui se réveille tous les matins pour s'y livrer. De fait, nombre de fonctionnaires, de salariés, de stagiaires, d'étudiants ou d'élèves, font le déplacement vers leur lieu d'activité en traînant les pieds. Ils ont en effet conscience qu'ils se sentiraient bien mieux (leur journée durant) s'ils ne s'y rendaient pas.

Dès lors, par commodité psychologique, ils choisissent de s'absenter quelquefois. Le cas échéant, ils ne demeurent pas pour autant passivement chez eux. En effet, grâce au temps ainsi dégagé, ils prennent parfois part à une activité concomitante, loin de leur structure principale d'appartenance. Au fond, l'idée de s'éviter une situation psychologiquement incommodante, surtout en optant plutôt pour une activité agréable, se retrouve vraiment dans les phénomènes de désaffection des amphis et des bancs d'écoles.

2. – Panorama, en intitulés, des points de cette subdivision.

3. – La volonté d'une conduite de plusieurs activités de front. 4. – La limitation du cumul d'emplois pour l'agent public et pour le salarié à temps complet. 5. – La contradiction entre refus du cumul d'emplois et incitation à l'entrepreneuriat parallèle. 6. – L'agacement de l'employeur progressivement délaissé pour une création d'entreprise. 7. – L'historique du cumul de leurs mandats par les députés et les sénateurs. 8. – L'encouragement du parlementaire à une implication locale par son cumul de fonctions. 9. – Les motifs extrapatrimoniaux de l'engagement politique des personnes. 10. – L'illusion tenace d'un absentéisme blâmable des députés et des sénateurs. 11. – L'ignorance généralisée de l'intérêt d'une assiduité aux commissions plutôt qu'à l'hémicycle. 12. – L'intérêt pratique négligeable de sa présence dans l'hémicycle parlementaire. 13. – L'absentéisme estudiantin issu d'une double inscription. 14. – La conciliation difficile des études et de l'emploi même offert par l'université. 15. – Le lien entre l'échec universitaire et l'emploi salarié parallèle. 16. – L'encouragement anglo-saxon à l'exercice de jobs étudiants. 17. – L'historique du cumul entre études et emploi en France.

ISSN 3096-8152

3. – La volonté d'une conduite de plusieurs activités de front.

L'hypothèse de départ est qu'une personne, par le député ou le sénateur, doit assumer une activité donnée à titre principal ; en l'occurrence celle de parlementaire. Or il lui faut la délaisser (exceptionnellement ou régulièrement) pour une autre activité qui a lieu dans le même laps de temps.

La seconde se révèle même parfois utile à la première (le mandat parlementaire). En particulier lorsqu'il va entreprendre des démarches auprès d'administrations publiques ou d'opérateurs privés en vue d'un bienfait au profit de son terroir et/ou de ses mandants. Encore que cela frise le trafic d'influence et la rupture d'égalité entre les citoyens (156).

Mais, plus souvent, au moins l'une des deux activités menées de front souffre de l'insuffisance du temps qui lui est finalement consacré. C'est le cas lorsqu'il y a cumul de mandats politiques, ou bien coexistence d'un job étudiant avec une poursuite d'études. L'étudiant est d'ailleurs susceptible de se disperser différemment, au travers d'une *« double inscription »* censée lui permettre de préparer et d'obtenir simultanément deux diplômes.

Nul (humain) n'ayant le don d'ubiquité, l'on déplore par conséquent assez régulièrement de l'indisponibilité pour l'une ou pour l'autre des activités à assumer. Heureusement, divers

---

156) Certes, un sénateur (davantage qu'un député) est le défenseur des collectivités territoriales, et du sien en particulier. Contribuer à la réussite économique de celui-ci, ou à son prestige historique et touristique, parait ainsi ressortir de sa compétence. Du reste, les sénateurs et les députés ont des permanences, c'est-à-dire des locaux dans lesquels ils écoutent les doléances des populations qui veulent bien s'adresser à eux de façon plus ou moins civile. De fait, certains concitoyens mécontents préfèrent saccager ces permanences, généralement en réaction contre tel ou tel vote du parlementaire.

moyens techniques contemporains aident dorénavant à se démultiplier, et donc à surmonter l'absentéisme prévisible (157).

4. – La limitation du cumul d'emplois pour l'agent public et pour le salarié à temps complet.

Par crainte de l'absentéisme et d'une disponibilité parcellaire, des règles encadrent le cumul d'emplois et de rémunérations dans la fonction publique. Ainsi, aux termes de la loi, *« le fonctionnaire consacre l'intégralité de son activité professionnelle aux tâches qui lui sont confiées. Il ne peut exercer, à titre professionnel, une activité privée lucrative de quelque nature que ce soit [...] »* (158).

C'est apparemment logique : si l'agent utilisait une partie de son temps à d'autres activités, il deviendrait probablement moins disponible (et moins frais) pour l'Administration, son employeur principal. Notre agent pourrait ainsi être parfois conduit à arbitrer entre absence et présence au sein du service.

Cette règle est susceptible de pénaliser injustement les pauvres bougres occupés à temps partiel, ou à temps incomplet. Car ils ne perçoivent probablement pas assez pour vivre dignement

---

157) Jean-Emmanuel RAY, De l'ANI du 26 novembre 2020 sur le télétravail à l'avenir du travail à distance, Droit social 2021. 236 : « *dans quel état seraient aujourd'hui nos économies sans télétravail... ou si Internet et les télécommunications avaient déclaré forfait ? [...]. Avec la montée concomitante de l'obligation de résultat, nombre de télétravailleurs d'aujourd'hui seront-ils encore salariés demain ?* ».

158) Article 25 septies, Loi n° 83-634 du 13 juillet 1983 portant droits et obligations des fonctionnaires ; loi dite loi Le Pors.

d'une seule activité subordonnée. Par conséquent, des atténuations existent, ainsi que le rappelle le Conseil d'État (03 octobre 2002) (159).

Néanmoins, des textes récents sur la déontologie insistent sur cette règle (trop souvent oubliée) d'un emploi unique (160). D'ailleurs, dans le secteur privé aussi, le salarié ne cumule pas impunément des emplois ; même en les assumant tous correctement (161).

Pire, le Code du travail envisage les *« Cumuls irréguliers d'emplois »* comme étant l'une des six variantes du travail illégal (162). Cependant, dès lors que le cumul est régulier,

---

159) « *Est considéré comme emploi [...] toute fonction qui, en raison de son importance, suffirait normalement à occuper à elle seule l'activité d'un agent et dont la rémunération, quelle que soit sa dénomination, constituerait à raison de sa quotité un traitement normal pour ledit agent ; que les deux conditions ainsi énoncées, relatives d'une part à l'importance quantitative de l'activité impliquée par l'emploi et d'autre part, au caractère normal du traitement y afférent, sont cumulatives* ». En l'espèce, la fonctionnaire (professeure des écoles) percevait une rémunération mensuelle de 977 € au titre de ses fonctions de secrétaire de mairie de la Commune de Levainville, et était employée dans ces fonctions seulement quinze heures par semaine (CONSEIL D'ÉTAT, 03 octobre 2002, Commune de Levainville, n° 249160).

160) Si les deux lois portant sur la transformation de la fonction publique remontent à 2016 et 2019, les contrôles déontologiques n'ont ensuite été précisés que par le décret 2020-69.

161) Alors, l'employeur usera de son pouvoir disciplinaire (pour violation de dispositions implicites du contrat de travail, en considération de ses suites logiques ou coutumières). Quoi qu'il en soit, selon le Code du travail, article L8261-1 : « *Aucun salarié ne peut accomplir des travaux rémunérés au-delà de la durée maximale du travail, telle qu'elle ressort des dispositions légales de sa profession* ». L'article suivant précise immédiatement que « *Nul ne peut recourir aux services d'une personne qui méconnaît les dispositions de la présente section* ».

162) Code du travail, article L8211-1. Cependant, l'article L8261-3 tempère, ainsi que l'on peut la lire ci-après. « *Sont exclus des interdictions prévues à*

l'employeur (surtout le second) ne saurait ensuite légitimement se plaindre de passer parfois au second plan (163).

5. – La contradiction entre refus du cumul d'emplois et incitation à l'entrepreneuriat parallèle.

Le législateur se contredit un peu en commençant par un refus du cumul d'emplois publics ou privés aux volontaires ayant déjà un poste à temps plein. Or, il encourage ensuite tous les Français vers un entreprenariat à tout crin.

Le site Internet actualisé du Premier ministre assure que *« le Gouvernement souhaite favoriser l'esprit entrepreneurial*

---

l'article L8261-1 : //1° Les travaux d'ordre scientifique, littéraire ou artistique et les concours apportés aux œuvres d'intérêt général, notamment d'enseignement, d'éducation ou de bienfaisance ; // 2° Les travaux accomplis pour son propre compte ou à titre gratuit sous forme d'une entraide bénévole ; // 3° Les petits travaux ménagers accomplis chez des particuliers pour leurs besoins personnels ; //4° Les travaux d'extrême urgence dont l'exécution immédiate est nécessaire pour prévenir des accidents imminents ou organiser des mesures de sauvetage. Ces exceptions sont invocables par les fonctionnaires aussi, dans le cadre des lois qui les concernent ».

163) Le temps consacré à un(e) amant(e) est forcément limité, même s'il est vécu intensément et s'avère plus fructueux que le ronron conjugal. De tels amours (de repli ou de regain) peuvent d'ailleurs durer des années, indique Alix Leduc, dans Marie Claire (https://www.marieclaire.fr/,amour-secrets-amants-passion-annees-adulteres-couple,2610376,662953.asp).
Néanmoins, les choses ne se passent pas toujours aussi paisiblement que dans Jules et Jim (roman d'Henri-Pierre Roché, et adaptation cinématographique de François Truffaut). En effet, une relation à trois se termine trop souvent de façon pathétique et/ou dramatique. De fait, « *Les histoires d'amour se terminent mal ... en général* », ont successivement soutenu une chanson des Rita Mitsouko et un film d'Anne Fontaine.

français afin d'encourager la création, le développement des entreprises, et la rémunération de l'investissement au service de l'emploi » (164). Cette préoccupation va même en direction d'un entrepreneuriat étudiant (165). De pareils entrepreneurs en herbe seront alors fatalement en partie indisponibles pour leurs études. D'ailleurs, ils auront la faculté d'obtenir des dérogations à la présence aux TD et autres séminaires obligatoires. Mieux, leur projet entrepreneurial prendra la place du stage réglementaire, ou équivaudra à des modules ouvrant droit à des ECTS.

Quelques années avant qu'un Premier ministre s'écrie *« Vous avez l'amour et vous avez les preuves d'amour »* (166), un auteur avait pu ironiser en ces termes : *« Bienheureux chefs d'entreprise ! Alors que la "tolérance zéro" est une devise qu'on nous chante depuis quelques mois sur tous les tons, voici que, par deux fois, le président de la République [Nicolas Sarkozy] les a assurés de sa compassion devant le risque pénal excessif auquel ils seraient, aujourd'hui, injustement exposés »* (167).

Mais l'on assiste à des atermoiements législatifs, de sorte que les fonctionnaires semblent moins attendus, ce qui est à rebours de la volonté sarkozyste d'auto-entreprenariat (168).

---

164) https://www.gouvernement.fr/action/l-entrepreneuriat.

165) https://www.enseignementsup-recherche.gouv.fr/cid143534/www.enseignementsup-recherche.gouv.fr/cid143534/les-actions-de-l-etat-en-faveur-de-l-entrepreneuriat-etudiant.html.

166) Jean-Pascal CHAZAL, Entreprise mon amour, ou l'infantilisation du discours politique, *D.* 2015. 2065.

167) Félix ROME, Cols blancs : la rentrée en chantant !, *D.* 2007. 2225.

168) Certes, l'on est toujours demeuré « *loin des 100 000 EIRL escomptés sous la présidence Sarkozy* » (Jean-François QUIEVY, *Répertoire des sociétés*, Entrepreneur individuel à responsabilité limitée (EIRL), Avril 2018. Il n'empêche que « *le projet de loi de finances pour 2018 impacte le statut du*

6. - L'agacement de l'employeur progressivement délaissé pour une création d'entreprise.

On sait que les salariés peuvent bénéficier d'un congé spécifique de création ou de reprise d'une entreprise. À cet égard, une série télévisuelle s'est consacrée au *« peuple d'entrepreneurs »* en le sacrant quasiment (169). Bien entendu, le futur ex-employeur est rarement heureux d'un pareil cumul d'activités. Car à cause de celui-ci, il cessera d'avoir le bénéfice exclusif du temps disponible du salarié en partance. Si au moins le salarié menait toujours convenablement ces activités parallèles ! Or, tel n'est pas toujours le cas. Dans une affaire jugée par la cour d'appel de Douai (28 mars 2014), il s'inférait qu'à compter du début de l'année 2011, *« le salarié avait eu une activité des plus réduites au profit de son employeur »*.

Aussi ce dernier avait-il fini par prendre (lui) l'initiative de la fin de la relation contractuelle. Sa lettre de licenciement portait : *« Vous vous êtes évertué, ces derniers mois, à tenter de donner l'apparence d'une activité poursuivie dans le seul but de percevoir, le plus longtemps possible, votre salaire alors que vous ne travailliez déjà presque plus pour notre société. Votre absentéisme et votre totale improductivité lors de vos moments de présence révèlent d'ailleurs une volonté évidente de provoquer votre licenciement pour bénéficier (...) d'allocations de chômage pendant le lancement de votre société »* (170).

---

micro-entrepreneur » (JurisClasseur Entreprise individuelle, Fasc. 538 : Entreprise, Auto-entrepreneur, Statut fiscal).

169) https://www.letemps.ch/video/un-peuple-dentrepreneurs.

170) CASS. SOC., 5 novembre 2015, société Foncière de l'habitat, N° de pourvoi : 14-18311). L'arrêt douaisien aura néanmoins été censuré (pour violation

ISSN 3096-8152

Mais encore une fois, aucun humain n'a le don d'ubiquité. Ainsi, le salarié devra de plus en plus souvent choisir quelle activité il honorera de sa présence et, par conséquent, quelle activité souffrira de sa carence. La tolérance législative de l'absentéisme corrélatif n'empêchera pas une certaine amertume du collectif de travail, ainsi abandonné et perturbé.

7. – L'historique du cumul de leurs mandats par les députés et les sénateurs.

La faculté de cumuler a été retirée dans une large mesure aux parlementaires. Plus exactement, ils ont perdu le droit d'exercer, en même temps que les missions de député ou de sénateur, celles de chef d'un exécutif local.

Cela veut dire qu'un parlementaire ne peut plus être parallèlement, soit maire, soit président de conseil départemental, soit président de conseil régional, etc. La dénomination de sénateur-maire, comme celle de député-maire, appartiennent donc désormais à l'histoire des institutions publiques (171).

---

de l'article 455 du code de procédure). Concrètement, la cour d'appel n'avait pas visé, et encore moins analysé, « *même sommairement, les pièces sur lesquelles elle fondait sa décision* ».

171) Hanan QAZBIR (madame), Le mandat parlementaire face au nouveau régime du cumul, Presses Universitaires de France, *Revue française de droit constitutionnel,* 2015/3 N° 103, pages 633 à 656, https://www.cairn.info/revue-francaise-de-droit-constitutionnel-2015-3-page-633.htm. Selon l'auteure, « *le régime de cumul [des parlementaires] tel qu'il existe aujourd'hui [jusqu'en 2017] est le fruit d'une longue évolution reflétant une certaine réticence au départ au profit d'une liberté dans la pratique et ensuite vis-à-vis d'une tradition implantée dans le système français. La Monarchie de juillet a vu les Pairs de France [sorte de*

On se rappellera qu'en l'an 2000, un constitutionnaliste avait révélé que : *« si le cumul des mandats concernait 30 % des députés sous la troisième République et 45 % sous la quatrième, il en concernerait 95 % sous la cinquième »* (172). Or, ajoutait-il, un tel cumul *« limite en outre l'exercice des fonctions de contrôle du Parlement, car il restreint la disponibilité des parlementaires ».*

Ici, le groupe adverbial *« en outre »* aura été utilisé par l'auteur pour réserver un autre inconvénient du cumul des mandats. À savoir, empêcher d'avoir de nouveaux élus, et en particulier des femmes (173).

8. – L'encouragement du parlementaire à une implication locale par son cumul de fonctions.

Les cumulards prétendaient bénéficier ainsi d'un ancrage local. En vertu de celui-ci, ils pouvaient en effet se retrouver dans les 300 à 400 cénacles de prise des décisions locales ; par exemple, dans le conseil d'administration de chaque hôpital, de chaque lycée, de chaque université, etc.

---

sénateurs] titularisés en tant que préfets et la IIIe République renforce cette pratique grâce à l'élection des conseillers généraux et des conseillers municipaux ».

172) Christophe GUETTIER, Commentaire de la loi organique n° 2000-294 du 5 avril 2000 relative aux incompatibilités entre mandats électoraux et de la loi n° 2000-295 du 5 avril 2000 relative à la limitation du cumul des mandats électoraux et des fonctions électives et à leurs conditions d'exercice, *AJDA* 2000 p.427.

173) Samuel DYENS et Valentin MILLOT, L'égalité entre les femmes et les hommes en matière électorale se réduit-elle au principe de parité ? AJCT 2022. 195.

Vouloir être l'une des parties prenantes d'instances locales s'explique par le fait que ce sont les *« lieux où se décide la vie des gens »* (174). C'est vrai que 80 % de ces instances ne dépendent pas directement de la collectivité dirigée par le cumulard, mais d'une autre collectivité, ou bien même de l'État. Il en était conséquemment un invité, un tiers intéressé (comme dirait le civiliste). Afin de pouvoir conserver ce lien participatif, plusieurs députés se sont replier, selon la collectivité, vers le poste de vice-président, ou vers celui d'adjoint au maire (175).

De leur côté, les ministres peuvent aussi agir de la sorte (176). Encore qu'ils n'aient pas juridiquement besoin d'un tel paravent, puisque leurs fonctions gouvernementales ne sont incompatibles qu'avec les fonctions parlementaires (177). Sans compter qu'il se pourrait que le maire apparent (l'usufruitier

---

174) Julien NAVARRO, Nicolas Gérard VAILLANT et François-Charles WOLFF, Mesurer l'efficacité des députés au sein du Parlement français, précité.

175) Idem. Selon ces auteurs, le rattachement au territoire n'ayant plus de sens, il faudra revoir les modes de scrutins ; abandonner le rassembleur scrutin à deux tours, pour celui à un seul tour ; adopter même plutôt la proportionnelle. « *Ou alors, il faut prévoir la présence des parlementaires dans certaines instances locales importantes, ce qui constituerait sans doute un autre non-sens* ».

176) Gérard Darmanin, ministre de l'Intérieur (depuis juillet 2020) est pour le moment seulement maire adjoint de la ville de Tourcoing. En revanche, Sébastien Lecornu, qui est également au Gouvernement depuis l'arrivée du Président Macron au pouvoir, est demeuré et demeurera, suite à sa réélection en 2021, président du conseil départemental de l'Eure.

177) On notera que c'est le contraire dans beaucoup d'autres pays ; et même en France, sous la quatrième République. En effet, le ministre (et a fortiori le Premier ministre) était forcément d'abord un parlementaire. Or, des hauts-fonctionnaires tels que Jean Castex sont devenus chef du Gouvernement sans avoir jamais été parlementaire. Pire, Dominique Villepin, lui, n'avait jamais exercé même un minuscule mandat local. Il est vrai que le Président Emmanuel Macron, non plus.

politique ?) s'accroche au poste, alors que sorti du Gouvernement, l'ancien ministre entendrait désormais s'occuper pleinement et entièrement de son mandat local (178).

9. – Les motifs extrapatrimoniaux de l'engagement politique des personnes.

Au fond, l'homme politique (la femme politique) ambitionne essentiellement de pouvoir influer sur la vie de ses concitoyens, et donc de laisser une trace dans l'histoire. Il ne rêve pas de s'enrichir patrimonialement (ou doit vite déchanter), contrairement à ce que beaucoup de gens s'imaginent (179).

De toute façon, quand des gains matériels et financiers sont prévus, ils sont modestes, comparativement aux soucis et responsabilités pesant tout représentant légal d'une collectivité. Toutes choses égales par ailleurs, les personnalités politiques, titulaires à fois d'un mandat local et d'un mandat national, préféreront rater des réunions nationales au profit de manifestations locales.

La raison est que lors des premières ils seraient noyés dans une foule de personnalités, alors que lors des secondes, ils seront

---

178) Par exemple, Catherine Trautmann aura eu du mal à récupérer sa place de maire (socialiste) de Strasbourg quand, en l'an 2000, elle avait cessé d'être ministre de la Culture et de la Communication (du gouvernement de Lionel Jospin).

179) Valérie BECQUET, Entre bénévolat, volontariat et salariat, mon cœur balance ! *JA* 2013, n°475, p.19 ; Sébastien Michon, Devenir professionnel de la politique. Militant et collaborateur politique, in Agora débats /jeunesses n° 52, 2009, p. 121-135.

au centre des honneurs et, de plus, vraiment influents. Ils sont ainsi donc généralement mus par un intérêt moral ou extrapatrimonial, plutôt que matériel et financier. Un certain prestige était attaché à leur titre de député-maire ou de sénateur maire. L'interlocuteur (qu'il avait) réalisait bien ne pas être simplement en présence d'un député ou d'un maire.

Les démarches alors entreprises par le *"double élu"* (pour son territoire et/ou ses populations) étaient ainsi assez souvent couronnées de succès. En vérité, plus que le titre à rallonge, devait peut-être plutôt jouer l'expérience de l'élu. En effet, ayant progressivement passés plusieurs filtres électifs, il aura acquis le savoir et le savoir-faire grâce auxquels l'on sait à qui demander (quand et comment) une dérogation ou un supplément, au profit de ses électeurs.

Trois auteurs soutiennent dès lors, et d'une même plume, que : *« Il y a donc, de la part des électeurs, une rationalité à soutenir les cumulants même si l'effet agrégé [de l'absentéisme], à l'échelle de l'Assemblée, peut être sous-optimal »* (180).

10. – L'illusion tenace d'un absentéisme blâmable des députés et des sénateurs.

La conviction communément partagée d'une indisponibilité tenace des parlementaires vient de la vision (à la télévision) de fauteuils inoccupés dans l'hémicycle, à l'occasion soit des débats pléniers, soit des questions au Gouvernement. À la vérité, c'est là une fausse impression ; une impression injuste.

---

180) Julien NAVARRO, Nicolas Gérard VAILLANT et François-Charles WOLFF, précités.

Car les absentéistes le sont bien souvent pour la bonne cause. Ils arbitrent entre absence utile et présence vaine ou neutre. L'idée est qu'ils auront jugé pouvoir être plus utiles (à la Nation) en participant à une autre activité concomitante. Déjà, il faut dire que paraître dans l'hémicycle est une traduction de *« la démocratie de bavardage »*. Effectivement, il s'agit d'une *« présence anecdotique n'ayant pour seul objectif que d'améliorer sa visibilité télévisuelle ou ses statistiques désormais surveillées sur Internet »* (181).

À cet égard, il faut savoir que le vrai travail des parlementaires se fait ailleurs, en particulier dans des commissions thématiques, permanentes ou ad hoc. Certaines de ces commissions auditent tant des experts que de simples citoyens, au sein même de l'assemblée ou bien à l'extérieur (182) ; c'est-à-dire dans Paris, en régions, voire à l'étranger.

Parfois, une commission œuvre à ses tâches parlementaires au moment même de la retransmission en direct des images de l'hémicycle du Palais Bourbon ou du Palais du Luxembourg

---

181) Alain ANZIANI, La déontologie, condition du renouveau du Parlement, *Pouvoirs* 2013/3, n° 146, p. 101.

182) Pauline LAGARDE, La réforme du règlement intérieur du Sénat destinée à lutter contre l'absentéisme parlementaire, *Revue du droit public*, 01/09/2016, n° 5, p. 1477. L'auteure rappelle que : « *Il existe en effet une différence entre les commissions de législation et d'autres commissions qui participent davantage à des fonctions de contrôle politique. Les commissions permanentes sont au nombre de huit au sein de chaque assemblée et permettent d'assurer le travail législatif préparatoire, donc l'essentiel de l'activité parlementaire [affaires étrangères, défense et forces armées ; affaires sociales ; culture, éducation et communication ; économie, développement durable et aménagement du territoire ; finances ; et lois constitutionnelles, législation, suffrage universel, règlement de l'administration générale]* ».

ISSN 3096-8152

(183). De toute évidence (et selon le cas), quelques députés ou sénateurs manqueront à l'appel.

Même avec une meilleure planification des travaux, l'on ne pourrait avoir tous les parlementaires à la fois. Pourquoi ? Parce que, dans les assemblées, l'ennui guette le parlementaire. Déjà, sous la IVe République, des parlementaires s'étaient résolus à renouer avec l'essence de leur métier. Car « *tout est détérioré à partir du jour où la discussion dévie en un ronronnement indéfini de la Tribune, jour et nuit, devant des banquettes vides* » (184).

L'absentéisme s'expliquera aussi par le fait que les parlementaires en question se trouveront en mission à l'extérieur. Ou bien, ils habiteront peut-être dans l'outre-mer français, voire dans un pays étranger. Il s'agit des députés et des sénateurs qui émanent des Français vivant à l'étranger. Lors du contrôle de la présence des parlementaires (et donc pour une éventuelle excuse), la distance entre Paris et le lieu de résidence est pris en considération. Dans ces conditions, Bruxelles et Londres, trop proches et bien desservis, s'apparentent à la Métropole.

---

183) Le siège de l'Assemblée Nationale est le Palais Bourbon, et celui du Sénat, le Palais du Luxembourg. Si le président de cette seconde assemblée parlementaire réside au Petit Luxembourg, celui de l'Assemblée Nationale a pour résidence l'Hôtel de Lassay.

184) Hanan QAZBIR (madame), Le mandat parlementaire face au nouveau régime du cumul, Presses Universitaires de France, Revue française de droit constitutionnel, 2015/3 N° 103, pages 633 à 656, https://www.cairn.info/revue-francaise-de-droit-constitutionnel-2015-3-page-633.htm.

11. – L'ignorance généralisée de l'intérêt d'une assiduité aux commissions plutôt qu'à l'hémicycle.

Depuis la réforme constitutionnelle voulue en 2008 par le Président SARKOZY, et votée de justesse, c'est le texte discuté puis amendé par la commission compétente qui est ensuite débattu dans l'hémicycle.

Votée de justesse parce que tous les parlementaires n'auront pas cru devoir participer au Congrès (à Versailles) en vue de la modification de la Constitution. Pourtant, les préconisations de Nicolas SARKOZY et de sa majorité présidentielle allaient dans le sens de ce que la GAUCHE avait toujours voulu. Hélas, les députés socialistes auront craint de donner une victoire politique à la DROITE. Heureusement, le député Jacques LANG, dépassa ces appréhensions et apporta la voie manquante. Dès lors, les QPC, les Questions Prioritaires de Constitutionnalité, sont devenues possibles. Par ailleurs, le travail en commission parlementaire a pris une valeur juridique essentielle.

Car autrefois, les échanges intervenus antérieurement (en Commissions) n'avaient pas de valeur juridique ou politique particulière. Voilà pourquoi un enseignant-chercheur, perdu en politique, avait pu prévenir que *« le travail de la commission n'est donc plus une forme de répétition générale dépourvue d'enjeu »* (185).

Dans ces conditions, doit-on recommander au parlementaire d'être assidu au grand amphi, ou plutôt dans sa petite salle de commission ? Le bon choix devrait logiquement s'imposer à chacun. Toutefois, le peuple et les journalistes ignorent ces

---

185) Jean-Jacques URVOAS, La lente mais irrépressible renaissance des commissions parlementaires, *Pouvoirs* 2013.

subtilités organisationnelles, et continueront (de bonne ou de mauvaise foi) à protester plus ou moins sourdement.

Comme dit un politologue du Plat Pays, *« le déplacement de l'activité politique vers les commissions, qui s'inscrivait dans un effort d'accroissement du prestige parlementaire [...], s'il permit une amélioration de l'efficacité, il exerça également une influence qui ne fut pas toujours positive sur la perception de la morale parlementaire. [Car] les commissions se réunissaient souvent également les jours de séance plénière »* (186).

Cette perception négative belge persiste aujourd'hui encore, alors que leur réforme constitutionnelle a fêté son jubilé depuis bien longtemps. Il est donc permis de craindre que la critique acerbe contre l'absentéisme des parlementaires perdure aussi en France (puisque la réforme ne remonte qu'à l'année 2008).

12. – L'intérêt pratique négligeable de sa présence dans l'hémicycle parlementaire.

L'on ne saurait donner de valeur primordiale à la (seule) présence physique, et donc à l'assiduité du député ou du sénateur. Car un parlementaire irrégulier, aux commissions et à l'hémicycle, peut s'avérer être celui qui débloque des situations et emporte la décision commune lorsqu'il est là. Il dispose manifestement d'une influence que n'offre pas la simple assiduité.

---

186) Marnix BEYEN, Entre clientélisme, électoralisme et distance parlementaire, Le député belge et ses attitudes envers son électorat (1918-1950), L'Harmattan, Parlement[s], *Revue d'histoire politique*, 2005/1 n° 3, pages 18 à 38, https://www.cairn.info/revue-parlements1-2005-1-page-18.htm.

Mieux, *« des députés expérimentés tels que des anciens ministres ou bien des responsables de parti peuvent avoir une plus grande influence à travers leurs activités tout en consacrant moins de temps dans l'hémicycle. À ce titre, il apparaît donc tout aussi important d'étudier l'efficacité relative des députés (à présence donné) que le volume global de l'effort consacré »* (187).

Plus généralement, au lieu de perdre son temps à s'époumoner au Parlement, le parlementaire serait plus efficace en recherchant les bonnes grâces d'un des conseillers du ministre décisionnaire (188). L'adage à conserver à l'esprit, en matière de temps parlementaire individuel, est que : *« la quantité ne remplacera jamais la qualité »* (189).

13. – L'absentéisme estudiantin issu d'une double inscription.

Les futurs citoyens (écoliers, collégiens, lycéens, étudiants) se voient également reprocher un absentéisme récurrent. Nous savons déjà que certains d'entre eux désertent les bancs de

---

187) Julien NAVARRO, Nicolas Gérard VAILLANT et François-Charles WOLFF, précités.

188) Documentaire France Info sur « *Ces conseillers qui nous gouvernent* » ; https://www.youtube.com/watch?v=3oZApGebkGU.

189) Certes, une assemblée suppose des gens qui se regroupe au même endroit, débattent, et prennent une décision commune. Or, la discussion est tronquée par l'absence d'un certain nombre de participants potentiels. Pire, la décision risque d'être différée si un quorum est prévu. Henri LÉVY-BRUHL, Assemblée, Synthèse, Vol. 8, No. 8/9 (1950/1951), pp. 400-406, Springer ; https://www.jstor.org/stable/20114118: « *l'acception juridique du mot assemblée lui confère un caractère original. Le trait dominant en est moins la pluralité que la fonction. En bref, on peut, dans ce domaine, définir l'assemblée comme, l'organe délibératif (ou législatif, au sens large) d'une collectivité considérée comme une personne* ».

leur structure de formation par besoin de se préserver d'un point de vue psychologique. Leur présence serait en effet une perte vaine d'énergie psychique.

Cependant, l'absentéisme peut aussi s'expliquer autrement. S'agissant notamment des étudiants, ils peuvent se trouver confrontés à deux obligations qui se chevauchent (dans le temps), tout en se situant géographiquement loin l'une de l'autre. Il y a déjà l'hypothèse où un étudiant prétend s'inscrire pour obtenir deux diplômes la même année.

Certes, une pareille démarche est devenue rare, dans ce monde où le goût de l'effort intellectuel rebute, tandis que reflue la valeur autrefois reconnue aux diplômes et, plus encore, au savoir (190). D'autant plus que l'Administration fait peu pour faciliter ou encourager les rares ambitions (191).

---

190) Le maître de conférences actuel (ou devenu professeur) qui, pendant de longues années, a creusé le même sillon, accepte mal la place privilégiée que certaines sections du CNU semblent faire aux agrégés des universités. Ceux-ci se seront souvent contentés de ratisser large, sans creuser profond, juste après leur doctorat (en droit, en économie, en médecine, etc.). Or, s'admettre à un concours signifie simplement que l'on a été préparé pour le réussir. À moins que les épreuves aient vraiment été pensées pour déceler qualités (à entretenir) et défauts (à gommer). Est-ce bien le cas ? Oui, sûrement.

191) La cour administrative d'appel de Paris (27 mars 2001) a eu à rappeler à un étudiant les dispositions d'un décret selon lequel « *Nul ne peut s'inscrire dans deux universités en vue de préparer un même diplôme* » (Décret du 13 mai 1971, article 12). L'étudiant est en effet obligé de se soumettre à la procédure du transfert de dossier au profit de la nouvelle université.

14. - La conciliation difficile des études et de l'emploi même offert par l'université.

Les autres situations qui, trop souvent, éloignent l'étudiant des amphis et salles de TD, relèvent du cumul des études avec un emploi (*"un job étudiant"*).

Selon un professeur français d'économie, *« aujourd'hui, de plus en plus d'étudiants exercent une activité rémunérée au cours de leurs études supérieures. En France, l'exploitation des enquêtes Emploi réalisées par l'Insee a montré que la proportion d'étudiants salariés était de 12,6 % sur la période allant de 1992 à 2002 »* (192). Son collègue suisse admet lui aussi que *« certain-e-s travaillent parallèlement à leurs études pour les financer. Ceci est une réalité dont les universités devraient peut-être davantage tenir compte »* (193).

En France, ce sont même les universités qui sont parfois les employeurs de ces étudiants. Le Code de l'éducation prévoit d'ailleurs que, *« ils peuvent être recrutés, par contrat »* (194). Alors, leurs tâches possibles tournent autour de : l'accueil des nouveaux étudiants ; l'animation de la vie étudiante ; la participation aux activités d'aide à l'insertion professionnelle.

Néanmoins, le Code enjoint à ces contractuels d'éviter tout absentéisme aux cours, TD et examens. On peut en effet y lire

---

192) François-Charles WOLFF, Activité rémunérée et temps consacré aux études supérieures, Revue économique ; Vol. 68, No. 6 (novembre 2017), pp. 1005-1032 ; Sciences Po ; https://www.jstor.org/stable/10.2307/90016171.

193) Amaury DAELE, L'absentéisme des étudiant-e-s. Pédagogie universitaire - enseigner et apprendre en enseignement supérieur [En ligne]. 2011 Nov. [cité le 12 juillet 2017]. Disponible : https://lc.cx/NEGA.

194) Code de l'éducation, art. D. 811-1, décret n° 2017-963 du 10 mai 2017, art. 1er-1o.

ISSN 3096-8152

que : *« l'étudiant recruté [...] s'engage à respecter l'ensemble des obligations liées à son inscription dans un cycle d'études. S'il interrompt ses études, manque à l'obligation d'assiduité aux enseignements obligatoires ou ne se présente pas aux épreuves de contrôle des connaissances sans motif légitime, l'établissement peut résilier son contrat après l'avoir mis en mesure de justifier de l'existence d'un motif légitime au cours d'un entretien préalable à la décision de résiliation »* (195).

15. – Le lien entre l'échec universitaire et l'emploi salarié parallèle.

Hélas, il y a une difficile conciliation entre aller au travail et fréquenter la faculté. L'échec universitaire en découle, d'une façon d'ailleurs d'emblée prévisible, c'est-à-dire sans besoin de don de voyance. De savants chercheurs aboutissent aussi à cette conclusion, du reste contenue dans les adages populaires suivants : *« Qui trop embrasse mal étreint »* ; *« courir [ou suivre] plusieurs lièvres à la fois »*.

L'idée est qu'il faut savoir se fixer un objectif précis pour être sûr de l'atteindre ; car aller de celui-ci à celui-là présage l'échec. Selon un professeur nantais, *« le fait d'avoir un emploi pendant l'année académique vient en particulier modifier la contrainte de temps des étudiants. Ceux qui font le choix d'avoir un emploi devraient avoir davantage de difficultés à*

---

195) Code de l'éducation, art. D. 811-6 : « *L'étudiant licencié dans ces conditions a droit à un préavis de quinze jours. La décision de licenciement est notifiée à l'intéressé par une lettre recommandée avec demande d'avis de réception. Cette lettre précise le ou les motifs du licenciement et la date à laquelle celui-ci doit intervenir compte tenu des droits à congés annuels restant à courir et de la durée du préavis* ».

assister aux cours et à trouver du temps libre pour travailler et réviser leurs cours » (196).

Par conséquent, « *ce moindre investissement dans les études peut expliquer la moins bonne réussite académique des étudiants en emploi* » (197). Bref, plus l'on consacre d'heures au travail rémunéré (et donc moins au travail universitaire), moins l'on a de chances d'obtenir le diplôme auquel on aspirerait.

16. – L'encouragement anglo-saxon à l'exercice de jobs étudiants.

Il est inexact de penser que le phénomène du travail rémunéré des élèves et des étudiants soit nouveau. Car dans un journal anglais de 1911, l'on découvre l'histoire d'un écolier ayant autrefois travaillé pour un boucher (198).

Cet enfant était à l'ouvrage dès 6 heures du matin, avant d'aller à l'école ; à la fin de sa journée scolaire, il rejoignait encore le poste de travail, jusqu'à 22 heures. Plusieurs de ses camarades étaient eux aussi des garçons de courses ; à moins d'œuvrer au sein de leur propre famille, à l'étalage tenu au coin de la rue par un parent (199).

---

196) François-Charles WOLFF, précité.

197) Idem.

198) Danièle RANCIÈRE, La grève des écoliers, Association Vacarme, *Vacarme,* 2004/1 n° 26 | pages 41 à 46, https://www.cairn.info/revue-vacarme-2004-1-page-41.htm.

199) C'est la lancinante question du travail des enfants. Elle touche sérieusement les pauvres des pays pauvres. Car l'enfant manquera de scolarisation, de même que son développement physique et psychologique pâtiront d'une entrée trop précoce dans le monde du travail. Bien entendu ces malheureux supposent une vision contemporaine et, peut-être

Plus généralement, dans les pays anglo-saxons, il est paraît habituel que les enfants travaillent tôt le matin, notamment pour livrer du lait ou des journaux (200). Il s'agit d'une expérience professionnelle dont les intéressés se prévalent par la suite en entrant (pour de bon) dans le monde du travail.

Bien entendu, la prise en compte de cette expérience dépend de la possibilité d'un transfert des habilités acquises vers l'emploi nouveau. Et encore faut-il avoir au préalable obtenu le diplôme préparé, malgré l'inévitable absentéisme découlant du cumul.

---

occidentale de surcroît. Encore que là-bas (en Occident), l'on déplore volontiers l'exploitation éhontée ou inconsciente du droit à l'image de l'enfant, son droit à la vie privée, et ses droits voisins du droit d'auteur. Cf. l'histoire de Michael Jackson aux USA, et celle du petit Jordy en France. « *En France, le travail des enfants fait l'objet d'un régime juridique nourri, épars et bigarré. Cet arsenal législatif s'est révélé inadapté pour appréhender les nouvelles formes d'exploitation des mineurs sur les plateformes en ligne. La loi du 19 octobre 2020 est donc venue combler ce vide juridique en codifiant le travail des enfants influenceurs. Mais cette intervention législative ajoute une couche au millefeuille normatif sans y apporter une cohérence d'ensemble. En l'état, le droit du travail n'offre pas une protection satisfaisante au point qu'il est possible de s'interroger sur la portée effective de l'intérêt supérieur de l'enfant dans les relations de travail* » (Sophie SERENO, Le droit du travail à l'épreuve de l'intérêt supérieur de l'enfant, *Droit de la famille n°* 1, Janvier 2021, étude 2).

200) « *Afin d'atteindre l'objectif d'éradication du travail des enfants d'ici 2025, la Déclaration de Buenos Aires, à l'issue des travaux de la Conférence, a listé une centaine d'engagements, insistant sur la nécessité de « créer davantage d'emplois décents pour les jeunes à travers le monde »* » (Joseph JEHL, Travail des enfants : la déclaration de Buenos Aires de l'OIT, La Semaine Juridique Edition Générale n° 51, 18 Décembre 2017, 135).

17. – L'historique du cumul entre études et emploi en France.

Le cumul entre études et emploi se rencontre aussi en France ; et depuis longtemps. On peut le vérifier dans thèse d'État intitulée *« La condition universitaire au XIXe siècle »*.

On y découvre, pour commencer, que dès 1810, sous le Premier Empire, les Facultés de Lettres et de Sciences comprenaient des *"étudiants travailleurs"*, lesquels étaient généralement maîtres d'études et régents dans les lycées et les collèges. Peut-être compte tenu de la charge de travail universitaire (l'auteur ne le précise pas), il y avait moins de cumulards dans les Facultés de Droit et de Médecine.

Ensuite, l'auteur indique que c'est surtout à l'issue de la première guerre mondiale, et de la crise économique corrélative, que les jobs étudiants prirent un essor fulgurant. Quels postes occupaient-ils ? Ceux de : chauffeurs de taxi ; garçons de café ; typographes ; employés de bureau. Le Jeudi Noir et sa crise économique accélérera le mouvement, car des familles riches avaient été ruinées, alors que les familles modestes étaient entrées dans la misère (201).

Le mouvement n'a plus jamais reflué. Après la deuxième guerre mondiale 22 % des étudiantes s'étaient également mises à cumuler travail et études, tandis que leurs camarades hommes étaient 30 %. Apparemment, certaines disciplines sont plus incompatibles encore avec un tel cumul. En 1947, l'on dénombrait 48 % d'étudiants de Lettres, 43 % en Droit, 19 % en Sciences et 17 % en Médecine.

---

201) Paul GERBOD, Note sur la condition matérielle et morale de l'étudiant français, Revue française de sociologie, Vol. 21, No. 2 (avril. - juin, 1980), pp. 251-258, Sciences Po University Press on behalf of the Association Revue Française de Sociologie, https://www.jstor.org/stable/3321110.

ISSN 3096-8152

Malgré l'extension progressive du montant et des bénéficiaires de bourses, les *« étudiants travailleurs »* restèrent et restent nombreux (202). Quelques étudiants plus intrépides, ou davantage accablés par le besoin, prennent un emploi à temps complet. Bien entendu, ils ne peuvent parallèlement constituer des modèles d'assiduité. L'Administration prévoit alors la possibilité de dispenses d'assiduité en leur faveur.

202) Pendant longtemps, les bourses n'étaient versées que pendant neuf mois. Aussi les étudiants devaient-ils forcément profiter de la période d'été pour se constituer un pécule pour la rentrée. Le professeur Gerbod pense (pensait) que des corrélations existent certainement entre l'obligation de travailler pendant les études et l'origine socioprofessionnelle des familles. Néanmoins, les parents aisés ne sont pas systématiquement généreux envers leurs rejetons, lesquels décident donc eux aussi de se trouver un emploi. À moins de songer à une demande judiciaire de pension alimentaire (Marlène BURGARD, Les circonstances dans lesquelles le jeune majeur bénéficie de l'obligation d'entretien, *Droit de la famille n°* 7-8, Juillet 2008, comm. 93). Le droit comparé donne à constater « *l'usage répandu de référentiels économiques et de règles objectives de calcul pour aider administrations et juges à fixer le montant des pensions* » (Jean-Claude BARDOUT, Droit et pratiques comparées des pensions alimentaires pour enfant, *Droit de la famille n°* 3, Mars 2010, dossier 2).

LA QUÊTE DE LA LÉGITIMITÉ ÉLECTORALE PAR LES DIRIGEANTS

Clotaire MOULOUNGUI
Maître de conférences hors classe à l'ULCO (académie de Lille)
Ancien Chef du Département Gestion des Entreprises et des Administrations
Responsable de la licence professionnelle Métiers de la Gestion et du Social

Résumé : L'exercice de fonctions éminentes de direction d'une structure résulte possiblement de la cooptation, de l'hérédité, du tirage au sort, du concours, ou d'une élection. L'élection semble préférable parce que les personnes que l'on doit diriger aura elle-même adouber leur chef. Le problème est l'abstentionnisme des électeurs : beaucoup d'élus ne sont choisis que par quelques électeurs. La question se pose alors de savoir si l'on ne devrait pas renoncer aux consultations électorales. Surtout que des dirigeants nommés (c'est-à-dire non-élus) font généralement un travail convenable pour leur structure d'appartenance.

Mots clefs : Élection ; légitimité ; majorité ; nomination ; décentralisation.

Abstract: The exercise of prominent leadership functions within a structure may result from co-option, heredity, random selection, competitive examination, or election. Election seems preferable because the people to be led will have themselves endorsed their leader. The problem is voter abstention: many elected officials are chosen by only a few voters. The question then arises as to whether electoral consultations should not be abandoned, especially since appointed (i.e., non-elected) leaders generally do a decent job for their respective structures.

Keywords: Election; legitimacy; majority; appointment; decentralization.

§§§§§§§§§§§§§§§§

1. – La légitimité renforcée par une forte majorité proche de l'unanimité.

La question de l'absentéisme concerne (parfois) des institutions dans lesquelles des scrutins sont organisés. Étant entendu que les électeurs concernés n'assument pas toujours fidèlement leur devoir civique. Cela dit, peut-on intellectuellement conclure à l'excellence d'une décision au motif seulement qu'elle proviendrait du plus grand nombre possible de personnes ? D'ailleurs, est-il raisonnable de s'en remettre à la bonne volonté d'absentéistes manifestement peu désireux d'aller aux urnes exprimer leur point de vue ?

En bonne logique, ces questions quelque peu orientées aboutissent à une réponse négative. Néanmoins, faisant fi du massif absentéisme déploré dans la plupart des instances, le droit positif sacralise toujours le vote populaire. Il en fait la source par excellence de la légitimité des décisions adoptées au nom d'un collectif. Cette source idéalisée de légitimité parvient dès lors à son comble lorsque la majorité (prévue ou) obtenue atteint l'unanimité.

2. – La recherche d'un dépassement de l'indifférence du peuple oublieux de son devoir.

Depuis la grande Révolution française de 1789, les gens se sont progressivement convaincu que tous les humains sont égaux, et que le peuple souverain ne saurait avoir tort. Alors, de temps à autre, celui-ci est consulté relativement à la désignation de candidats à certaines fonctions, ou à propos du choix du meilleur projet possible parmi ceux en concurrence. Malheureusement, le peuple décide trop souvent de rester silencieux. D'une part, en refusant de se déplacer vers l'endroit où son expression est attendue (I.).

D'autre part (s'y étant rendu), en émettant un message incompréhensible de prime abord, puisque revêtant la forme du bulletin blanc ou nul. Le peuple, dont pourtant la volonté est sublimée, oblige dès lors à songer à des palliatifs. Oui, en se révélant oublieux de son devoir, le peuple impose conséquemment à savoir surmonter son indifférence préjudiciable (II.).

I. – La place sublimée d'un électorat hélas oublieux de son devoir

3. – Le renouvellement des sources et fondements de la légitimité.

La notion de légitimité renvoie à des questions de ce genre : *« De quel droit exigez-vous ceci ou cela de moi ? »*, ou bien : *« Qu'est-ce qui vous autorise à tenir un tel langage à mon égard ? »*. Théoriquement, toute personne est susceptible de se rebiffer de la sorte, en se fondant (cumulativement ou alternativement) sur diverses notions, telles la liberté ou l'égalité (203).

---

203) Hélas, quelques pauvres personnes n'auront même pas l'idée (à cause d'un complexe d'infériorité) de se révolter contre le sort révulsant qui leur serait fait par d'autres personnes animées par un complexe de supériorité. C'est dire que le principe d'égalité devrait davantage infuser dans la société. Notons pourtant que : « *[...] toute théorie faisant état de la supériorité ou de l'infériorité intrinsèque de groupes raciaux ou ethniques qui donnerait aux uns le droit de dominer ou d'éliminer les autres, inférieurs présumés, ou*

Cela étant, dans l'histoire des nations, des pharaons et des rois ont prétendu tenir leur légitimité de Dieu lui-même ; sinon directement, tout au moins par l'intermédiaire d'une religion (204). Du reste, quelques individus croient pouvoir s'imposer aux autres grâce à leur force physique ou militaire ; c'est le concept de *''la loi du plus fort''*.

Encore que l'intelligence et le savoir d'une personne expliquent éventuellement que ses interlocuteurs révisent et/ou remisent leur propre point de vue. En ce sens, chez les enseignants-chercheurs, la (seule) qualité de professeur des universités risquera parfois de fonder l'intéressé à supplanter un collègue, (simple) maître de conférences, dans les fonctions de directeur de laboratoire de recherche.

De même, la richesse et la propriété (patronale ou esclavagiste) permirent à quelques malandrins de s'assurer l'obéissance et les services de pauvres bougres. Pour finir, c'est la volonté commune du groupe (associatif, local, national, etc.) qui l'emporte désormais comme source privilégiée de la légitimité de soumettre plus ou moins autrui. La volonté collective en

---

fondant des jugements de valeur sur une différence raciale, est sans fondement scientifique et contraire aux principes moraux et éthiques de l'humanité (art. 2-1, déclaration sur la "race" et les préjugés raciaux adoptée le 27 novembre 1978 à la vingtième session de la conférence générale de l'Organisation des Nations unies pour l'éducation, la science et la culture à Paris) » (Christophe WILLMANN, Définir la « race » et l'ethnie, préalable à la lutte contre le racisme en entreprise, *Droit social* 2007. 936).

204) « *La Révolution, c'est un transfert : le Pouvoir ne tombe plus de Dieu à travers son royal mandataire ; le peuple s'adjuge ce pouvoir. Un peuple constitué d'hommes - mais les femmes sont rejetées - qui « naissent et demeurent libres et égaux en droits* » » (Jean-Jacques DUPEYROUX, Quelques questions, Droit social 1990 p.9). L'auteur rappelle au passage que dans les dictionnaires relatifs à la Révolution de 1789, nulle part il n'y a le terme Femme comme entrée, ou comme mot clef.

question est dégagée à l'occasion de délibérations qui se concluent par un vote. Tel est le sens de la démocratie (205).

4. – La servitude volontaire précédée par un scrutin.

Depuis la Révolution de 1789, la meilleure source de légitimité des décideurs (publics ou privés) est la propre volonté de soumission des personnes à manager (membres, clients, administrés, etc.). Cette volonté servile, en principe éclairée, s'exprime notamment par le fait d'élire librement (des candidats) aux postes et emplois à pourvoir. C'est le suffrage universel direct. Il est direct car la population d'une circonscription choisit elle-même ses représentants (206).

L'absentéisme (l'abstentionnisme) fera parfois que ce soit finalement une infime partie de ce corps électoral qui se déplace vers les urnes. Par la suite, les personnes ainsi élues se choisiront un exécutif (une équipe dirigeante) au sein de leur instance. On qualifie ce second vote de suffrage universel indirect (207).

Curieusement, les personnes directement élues par le peuple ressentent un plus grand sentiment de légitimité. C'est le cas

205) En première année des facultés de droit, l'on enseigne que le droit objectif (ou droit positif) découle (serait-ce indirectement) de la volonté du peuple souverain. Une volonté populaire qui prend la forme d'une loi ou d'un de ses succédanés. Le droit positif fonde alors à son tour les droits subjectifs, à savoir les avantages dont on peut se prévaloir, notamment au moyen d'une action en justice qui permettra de les faire respecter.

206) Pour l'élection du président de la République, la circonscription est le pays tout entier. Il s'agit seulement de portions de département pour l'élection des députés.

207) Sont par exemple ainsi élus par leurs pairs (ou presque) les sénateurs et les maires.

des députés, par rapport aux sénateurs (208). L'élection ne semble pourtant pas être une panacée. En se mettant à considérer les monarchies et les dictatures d'aujourd'hui ou d'hier, un partisan du ''*pouvoir politique fort*'' dirait ici que ces organisations-là présentent la stabilité du personnel politique, de même que l'élégance de dispenser le peuple d'élections fréquentes.

5. – Le référendum (populaire) comme source idéale de légitimité.

Le référendum est vanté par les personnels politiques, surtout celui de l'opposition (au gouvernement en place). Leur désir est de consulter le peuple souverain sur la plupart des sujets ; ce qui peut sembler défendable. D'ailleurs, quelquefois leur objectif sera de casser une jurisprudence dérangeante, peut-être contenue dans de sortes d'arrêts de règlement.

Leur idée est ici de pouvoir clamer que « *force reste à loi* » elle-même. À la vérité, il faut aussi se dire que la démocratie *« n'est pas seulement la loi de la majorité, c'est-à-dire la loi du plus fort, mais qu'elle se manifeste aussi par le respect de certaines valeurs dont le juge doit être le gardien vigilant. Il n'y a pas de démocratie sans état de droit, et il n'y a pas d'état de droit sans jurisprudence. Ici comme ailleurs, nécessité fait loi »* (209). Au fond, il n'est pas certain que le peuple, déjà si

---

208) Toutefois, les députés savent qu'ils sont élus par les seuls habitants d'un canton. Au contraire, le Président de la République est élu par les habitants de tous les cantons à la fois. Sa légitimité est normalement plus grande encore. Hélas, l'abstention percute cet édifice juridique et politique.

209) Jacques BORÉ et Louis BORÉ, La cassation en matière pénale, Chapitre 148, Section 3, 2018/2019. Ces auteurs ajoutent que : « *force reste toujours à la loi puisqu'à tout moment, le législateur peut mettre fin à une jurisprudence* ». Le dernier gouvernement israélien (janvier 2023) envisage

en peine de se déplacer une fois tous les cinq ans pour élire le président de la République, apprécie beaucoup d'être fréquemment consulté (210). Par exemple, dans le monde du travail salarié, des dispositions désormais abrogées (d'une loi du 4 mai 2004) préconisaient des référendums destinés à compenser l'insuffisante légitimité des syndicats dont le corps électoral était trop absentéiste (211). L'une de ces modalités de consultation subsiste apparemment (212).

6. – Le détournement du référendum en plébiscite critiquable.

La recherche de la consécration populaire aura incité le général de Gaulle à faire modifier la jeune Constitution de la Vème République, afin que l'élection du Chef de l'État résultât du suffrage universel direct (vote par la population entière elle-

---

clairement que les députés de la Knesset puisse réformer les décisions de leur cour suprême. Parfois : « *L'infériorité de la loi n'est pas purement symbolique, car il est vraisemblable que les acteurs, et, au premier chef, les officiers de l'état civil, suivent la circulaire même si celle-ci est en contradiction avec la loi* » (Yann FAVIER, Actes de l'état civil, Répertoire de droit civil, novembre 2020).

210) Pour peser véritablement sur les règles qui nous gouvernement, les partisans du RIP (référendum d'initiative populaire) devraient chaque jour voler de ministères en chambres parlementaires, et de collectivités locales en services déconcentrés.

211) La loi du 20 août 2008 est censée avoir corrigé ce défaut grâce aux critères de représentativité qu'elle a prévues. Cf. Franck PETIT, De la distinction entre absence de quorum et carence, *Droit social* 2012. 109.

212) « *Le référendum ne subsiste que dans l'hypothèse de l'art. L. 2232-14 C. trav.* » (Franck PETIT, précité). Aux termes de celui-ci, « *En cas de carence d'élections professionnelles, lorsqu'un délégué syndical a été désigné dans l'entreprise ou dans l'établissement, la validité d'une convention ou d'un accord d'entreprise ou d'établissement signé par ce délégué est subordonnée à l'approbation de la majorité des salariés dans les conditions fixées au 1° de l'article L. 2232-12* ».

même) et non plus du suffrage universel indirect (sénateurs, conseillers municipaux, etc., comme électeurs). Voilà pourquoi la France a dorénavant un président apparaissant come un monarque républicain (213).

Comme dit un auteur, c'est « *un chef de l'État fort et indépendant qui ne procède ni du Parlement, ni des partis politiques, et qui bénéficie d'une légitimité renforcée à la fois démocratique et fonctionnelle* » (214). Selon un autre auteur : « *Toute démocratie repose sur un pouvoir qui, parce qu'il est élu, régénère périodiquement sa légitimité* » (215).

Mais encore faut-il que la volonté sortie des urnes ne soit-elle pas celle d'une toute petite minorité à cause de l'absentéisme. Par ailleurs, le dirigeant d'une collectivité territoriale peut estimer injustes les critiques contre sa gestion. Alors, peut-être oscillera-t-il entre une volonté de démission et un rêve de revanche.

Les deux sentiments se combinent harmonieusement en cas de remise en jeu unilatérale de son mandat par l'intéressé. Autrement dit, il démissionnera pour se représenter aussitôt, en espérant alors « *renforcer sa légitimité par le biais d'une nouvelle élection* » (216). Le vote et le référendum semblent

---

213) Victor Ulysse SULTRA, Le Conseil d'État et l'avis sur le référendum du 28 octobre 1962, *RFDA* 2022. 973.

214) Ackiel BOUDINAR-ZABALETA, La rhétorique constituante au service d'un programme présidentiel : retour sur le discours constituant de J.-L. Mélenchon, *Revue de droit public approfondi n°* 4, Juin 2017.

215) « *L'élection tend à lui donner la plénitude de souveraineté surtout s'il n'est pas équilibré par une culture de l'État de droit bien établie qui seule peut garantir aux groupes minoritaires une place* » (ANONYME, La crise de la démocratie libérale, Les cahiers de la justice 2019. 1).

216) Nadine DANTONEL, *Encyclopédie des collectivités locales* / Chapitre 4 - Département : exécutif départemental Coll. Loc, COR, Mai 2015.

quasiment détournés de leur vocation : il leur est fait jouer un rôle plébiscitaire (217). Cela participe dans une certaine mesure au désintérêt et à l'absentéisme électoral.

7. – La généralisation de l'élection par souci d'impliquer le maximum de citoyens.

La représentation professionnelle et ordinale des avocats par un bâtonnier postule également une élection. La question a pu se poser de savoir si son adjoint (le vice-bâtonnier) devait aussi se soumettre à ce mode de désignation. Un auteur (appartenant à cette corporation) a cru pouvoir répondre par l'affirmative.

D'après lui : *« Il ne peut en être autrement. Il [le vice-bâtonnier] doit en effet pouvoir s'appuyer sur la légitimité démocratique que seule confère l'élection »* (218). En droit social, il est pareillement enseigné que : *« Procédant de la volonté de conférer une légitimité accrue à la norme conventionnelle, la règle majoritaire est systématiquement fondée sur le vote des salariés »* (219).

D'un autre côté, le rôle de satisfaction gratuite des besoins d'intérêt général ne relève pas seulement des personnes

217) Collectif, Les plébiscites, la difficile entrée dans la démocratie, https://www.napoleon.org/enseignants/documents/les-plebiscites-la-difficile-entree-dans-la-democratie-cours/

218) Jean CASTELAIN, Bâtonnier, vice-bâtonnier : un ticket nécessaire, *Gaz. Pal.* 17 janv. 2008, p. 3.

219) Gilles AUZERO, La légitimité intrinsèque de l'accord collectif et la règle majoritaire, *Droit social* 2018. 154.

publiques : des citoyens bénévoles s'en chargent aussi (220). Or, quelques puristes blâment leur unilatérale spontanéité et le défaut congénital d'onction populaire préalable. D'après ces critiques, *« si honorable et utile soit l'implication de tant de bénévoles, ils ne sauraient évincer les hommes et les femmes aguerris disposant de la légitimité de l'élection, c'est-à-dire de la confiance majoritaire »* (221).

Au total, la légitimité dépendrait d'une élection qui, elle-même, serait tributaire d'une participation pourtant mitée par l'absentéisme des électeurs. Pour recycler ici un propos apparemment en adéquation avec notre situation, disons que : « *On ne peut édifier la responsabilité politique des gouvernants sur l'irresponsabilité de gouvernés ignorant tout ou presque de sujets intéressant leur propre sort, car un tel travers serait propice à un discours démagogique ou à un déni de réalité* » (222).

---

220) En pratique, des personnes morales de droit privé (sociétés ou associations) reçoivent parfois mission (de la part de la puissance publique) de se charger de la satisfaction d'un besoin d'intérêt général (c'est-à-dire éprouvé par une grande partie de la population). De pareilles délégataires du service public se rémunèrent grâce aux redevances payées par les usagers. Puis, leurs déficits de fonctionnement sont généralement comblés par des subventions publiques. Néanmoins, nombre d'associations et de fondations s'investissent à fonds perdus ; notamment en matière caritatives, sportives, culturelles, environnementales, etc.

221) Pierre MAZEAUD, Qu'est le citoyen devenu ?, *La Semaine Juridique Administrations et Collectivités territoriales* n° 3, 15 janvier 2007, 2010.

222) Gilles HUTEAU, La responsabilité collective vis-à-vis de la dette sociale : l'échec et le défi, Droit social 2022. 628.

ISSN 3096-8152

8. – L'exotisme apparent d'élections de procureurs et de juges.

Selon toute apparence, occuper son poste de responsabilité à l'issue d'une élection paraît démocratique, et donc admirable. Néanmoins, les consultations électorales déplacent rarement des foules : l'absentéisme est récurrent. De plus, les élections peuvent être truquées, tandis que parfois des *''ânes''* sont élus (223).

C'est dans cette optique que des francophones (héritiers du système juridique français) moquent la situation anglo-saxonne dans laquelle les juges et les procureurs proviennent de campagnes électorales coûteuses et polémiques. En vérité, ces francophones (en particulier les Français) feignent d'ignorer que dans leur propre système juridique, l'entrée (du candidat) dans les fonctions de juge consulaire ou de conseiller prud'homme dépend d'une élection par les pairs (224).

Il en va de même dans les conseils de discipline et dans les ordres professionnels, lesquels prennent des décisions (des sanctions) ensuite susceptibles d'examen par les juridictions de contrôle, dont le Conseil d'État ou la Cour de cassation, selon le cas. D'un autre côté, c'est un tirage au sort qui détermine ceux qui,

---

223) Ce propos désobligeant aura plus généralement été proféré contre les députés élus à l'occasion de l'accession de Mitterrand au pouvoir en 1981, puis d'Emmanuel Macron en 2017. Les ânes en question ne sont certainement pas des ânesses. Même si des dames ont parfois semblé être le prête-nom de leur époux empêché (par le sort ou par la justice) de se présenter à l'élection. Ce faut le cas de : Marie-France Stirbois (Dreux) ; Marie-Claude Bompard (Orange/Bollène) ; Isabelle Balkany (Levallois-Perret).

224) « *Historiquement, les tribunaux de commerce tirent leur légitimité de l'élection des juges. Cette particularité leur vaut de survivre à la Révolution de 1789* » (Alain BERNARD, Répertoire de droit commercial, Tribunal de commerce, octobre 2021, n° 37).

parmi les citoyens figurant sur les listes électorales, seront jurés d'assises. Or ces derniers jugeront les auteurs des infractions les plus graves et, en conséquence, leur infligeront peut-être les sanctions les plus graves du Code pénal (225).

On se rappellera par ailleurs que, sous l'Ancien Régime, l'achat pur et simple de sa charge d'officier ministériel (ensuite transmissible de père en fils), aura permis à des individus riches de participer au fonctionnement de la justice civile et commerciale. On avait en cette occurrence parlé de vénalité des charges, ou de vénalité des offices (226).

9. – Les causes possibles de l'absentéisme électoral.

Parfois, le candidat fraichement élu l'aura été par une base électorale très faible. Pourquoi donc les électeurs potentiels auront-ils préféré vaquer à d'autres occupations plutôt que de

---

225) « *L'institution du jury au sein de la procédure criminelle laisse percer une ambiguïté : s'agit-il véritablement d'opérer dans le judiciaire le changement radical opéré dans le politique, ce transfert de souveraineté du Roi à la Nation, ou de réagir contre le pouvoir des anciens Parlements ? Les deux sans doute : dans l'esprit des Constituants, le pouvoir judiciaire doit dépendre de la volonté de la Nation. Aussi l'implantation du jury traduit-elle à la fois la volonté de faire prévaloir la volonté générale dans l'application de la loi, à l'instar de sa création, et cette méfiance à l'égard du juge dont le rôle est strictement cantonné à celui de serviteur de la loi. D'ailleurs le juge lui-même doit dépendre de la volonté générale : il doit être élu* » (Françoise LOMBARD, Les citoyens-juges, *RSC* 1996. 773).

226) « *L'institution donna lieu à des abus criants, tels que le foisonnement des offices, dont beaucoup étaient inutiles et même nuisibles, la multiplication des actes de procédure surabondants, ou frustratoires, la superposition des appels et recours de toute nature, et priva finalement le petit peuple urbain et les paysans de tout accès utile à la justice* » (Frédéric-Jérôme PANSIER, Répertoire de procédure civile, Office public ou ministériel, 2019, n° 2).

gagner leur bureau de vote ? La réponse est connue et convenue.

Tout d'abord, il y aurait apparemment une certaine fatalité à figurer encore et toujours dans le statut d'abstentionniste. Cela, à cause de l'appartenance à une des catégories de population enfermées dans un handicap social. C'est en quelque sorte du déterminisme social (227).

Ses déclinaisons, qui se succèdent ou se superposent, approchent la dizaine en quantité. On dénombre en effet : l'échec scolaire ; le chômage ; l'indigence du pouvoir d'achat ; la désespérance ; la déconsidération sociale ; les conditions de travail rudes ; la conviction d'enrichissement illicite des politiciens ; la déception liée aux promesses politiques non tenues.

Il existe un problème supplémentaire : s'il y a partage (égalité des voix) entre deux candidats à une élection, la primauté est donnée au plus âgé d'entre eux. Une telle victoire, fondée sur la primogéniture, conduit le jeune candidat évincé à se plaindre ; y compris en justice.

Mais selon celle-ci, *« la désignation des membres du bureau du comité d'entreprise, en cas de partage des voix et dans le silence du règlement intérieur, se fait, conformément aux règles habituelles du droit électoral et sans que soit porté atteinte au*

---

227) Un déterminisme certainement moindre que celui (congénital) des castes indiennes. Au reste malgré l'arrivée progressive (chez eux aussi) de l'ascenseur social, depuis l'abrogation constitutionnelle des castes. C'est-là une donne nouvelle qui aura « *permis à des Intouchables d'accéder à de hautes fonctions administratives, ou de gagner des élections, comme ce fut le cas récemment, dans l'État d'Uttar Pradesh, le plus peuplé de l'Inde avec ses 180 millions d'habitants, avec le parti des Dalits (les rejetés), conduit par une femme ambitieuse, qui y obtint la majorité* » (Philippe MARCHAT, Coup d'œil sur l'Inde d'aujourd'hui... et de demain..., *RMCUE* 2008. 96).

principe de non-discrimination en raison de l'âge, au profit du candidat le plus âgé » (228).

Du reste, *« la légitimité n'est pas qu'une question de suffrages »* (229). C'est dire qu'une personne pourtant représentative souffrira peut-être du résultat du scrutin (230).

10. – Des populations désormais vindicatives et ingrates.

Autrefois, les gens savaient souffrir en silence. L'illustration en est offerte par les populations demeurant dans les zones reculées et, donc des zones délaissées. Concrètement, ces populations résidaient à des dizaines de kilomètres des universités, des hôpitaux, des théâtres et des musées. En outre, les aides sociales auxquelles de tels ruraux pouvaient prétendre n'étaient pas aussi importantes qu'aujourd'hui.

Or, actuellement, malgré la démultiplication de l'État providence (lequel déverse prestations en nature et prestations pécuniaires), les populations se révèlent insatisfaites et

---

228) Cass. Soc., 30 novembre 2011, n° 10-23.986, Véolia Générale des eaux, Bulletin 2011, V, n° 279. On lit dans la loi elle-même que : « *En cas d'égalité des voix, les candidats dont le contrat de travail est le plus ancien sont déclarés élus* » au conseil d'administration de la S.A. comme administrateur salarié (Code de commerce, article L225-28, alinéa 7).

229) Bernard Teyssié, À propos de la rénovation de la démocratie sociale, *Droit social* 2009, p. 627. L'auteur ajoute (un peu comme aurait pu dire le chanteur Francky Vincent), « *il y a la moralité aussi* ».

230) « *[...] l'élection était considérée comme une technique de légitimation de second rang, la primauté étant donnée à la représentativité comme mode d'accession à la légitimité* » (Franck Petit, Droit électoral de l'entreprise : une discipline en construction, Cah. soc. janv. 2014, n° 112d6, p. 59). Même sens : Pierre-Yves Verkindt, Les élections professionnelles dans l'entreprise, Dr. soc. 2009, p. 649).

insatiables. Elles s'autorisent même à reprocher aux hommes politiques d'un défaut d'empathie envers elles, et donc par conséquent de manque de proximité avec "*les vrais gens*". En vérité, la plupart des victimes (de la nature et des hommes) reçoivent une visite et/ou un mot de compassion de la part des politiciens (231).

Autrement dit, les populations contemporaines bénéficient d'une prise en charge maximale qui contraste avec la susceptibilité maladive et la foncière ingratitude dont ils font preuve à l'encontre du système social. Ces citoyens apparaissent quasiment comme des consommateurs qui (alors qu'ici ils ne paient nullement) s'écrieraient que « *le client est roi* ». En caricaturant davantage, l'on pourrait résumer leur attitude par les deux slogans suivants : *« aimez-moi, et ne me jugez pas »* ; ou encore : *« aidez-moi, et ne m'entravez pas »*.

Précisément, les intéressés sont régulièrement absentes des bureaux de vote, dont ils attendent crânement les résultats, pour ensuite déplorer la faiblesse de la base électorale des gagnants (232). Pourtant, avec sans doute beaucoup d'optimisme, un professeur spécialiste de la protection sociale

---

231) « *Tempête Alex : Emmanuel Macron se rend au chevet des sinistrés* » (https://www.francetvinfo.fr/meteo/tempete/tempete-alex/tempete-alex-emmanuel-macron-se-rendau-chevet-des-sinistres_4131833.html) ; https://www.lanouvellerepublique.fr/a-la-une/le-president-au-chevet-des-sinistres ; Le président [Barak Obama] au chevet des sinistrés de Sandy (https://www.estrepublicain.fr/actualite/2012/11/01/le-president-au-chevet-des-sinistres-de-sandy) ; Le couple présidentiel [malgache] au chevet des sinistrés (https://www.madagascar-tribune.com/Le-couple-presidentiel-au-chevet-des-sinistres.html).

232) Ainsi, du fait de la faiblesse du syndicalisme, l'habitude sera prise d'un face à face direct de l'employeur avec ses salariés, appelés à approuver ses projets. Certains déploreront un déséquilibre inévitable de la relation de travail. D'autres apprécieront l'assainissement du dialogue social par élimination d'éléments déstabilisateurs (les syndicats).

rêve de « *donner à chaque assuré social non seulement l'envie d'être responsable en vue de sauvegarder le modèle de solidarité, mais aussi et surtout de lui fournir les moyens nécessaires à sa responsabilisation individuelle* » (233).

Pour sa part, ripostant aux contestataires des vaccinations contre la Covid-19 (et/ou du pass correspondant), le président Emmanuel MACRON avait cru devoir rappeler que la citoyenneté emporte à la fois des droits et des devoirs. Alors, ses opposants (de Gauche) se sont offusqués du propos, soutenant au contraire que la citoyenneté se caractériserait (d'abord et surtout) par des droits. Ce qui semble nouveau et discutable, au regard de *"l'honnête homme"* du SIÈCLE DES LUMIÈRES (234).

11. – La facilitation de la participation aux scrutins par l'intégration sociale.

Les membres de la classe possédante se rendent volontiers aux bureaux de vote. Ils entendent de la sorte s'assurer de l'élection d'un personnel politique sensible à leurs préoccupations. En d'autres termes, s'intéresser aux choses de

233) Gilles HUTEAU, La responsabilité collective vis-à-vis de la dette sociale : l'échec et le défi, Droit social 2022. 628.

234) « *Ne pensant son lien avec la Cité que selon des modalités actives et participatives, le citoyen des Lumières ne veut (et ne peut d'ailleurs) être jugé que sur ses mérites et son action. Le statut du citoyen des Lumières ne pouvait dépendre de son appartenance à tel ou tel groupe auquel les hasards de la naissance l'attachaient et duquel la citoyenneté lui permettait justement de s'émanciper. Le citoyen des Lumières se pense à partir de son rôle dans la cité, qui est fonction de ses œuvres et de son libre arbitre. C'est la part publique et universelle de son être en société qui le définit* » (Pierre MAZEAUD, Qu'est le citoyen devenu ?, La Semaine Juridique Administrations et Collectivités territoriales n° 3, 15 janvier 2007, 2010).

la cité revient indirectement à s'occuper tant de la protection de sa propre personne que de la prospérité de son patrimoine (235).

Or ce sont-là des calculs bien éloignés de l'univers mental du Sans Domicile Fixe (SDF) et, sans doute aussi, d'une masse de personnes heureusement un peu mieux loties. Conclusion : les électeurs assidus et, a fortiori les candidats, sont des personnes socialement intégrées. Cette caractéristique statutaire dépend largement de l'âge, de la vie de famille, des fonctions exercées, et des convictions ruminées.

Du reste, chacun doit voter et/ou candidater à l'intérieur de la circonscription électorale dans laquelle se situe son domicile. Mais de domicile (fixe), le SDF n'en possède point (236). On comprend dès lors sans peine qu'il n'aille pas du tout voter.

12. – Le refus du vote à quelques personnes peut-être intéressées.

Le suffrage censitaire se fondait sur une réservation du droit de vote aux contribuables (soumis à l'impôt) à jour de leur devoir fiscal (237). Puis la possession de diplômes ou de celle d'une

235) Daniel Gaxie, Abstentionnisme, *Encyclopædia Universalis* [en ligne], http://www.universalis-edu.com/encyclopedie/abstentionnisme/

236) Le Code pénal est parfois bien ridicule de prévoir la privation du droit de voter ou l'interdiction d'être candidat. Car nombre de citoyens s'excluent d'eux-mêmes du système politique. Le paradoxe est qu'ils entendent quand même conserver ce droit de vote qu'ils savent ne pas vouloir utiliser. Par conséquent, faux est probablement de soutenir que les abstentionnistes sont les (seules) personnes qui vivent aux marges de la société ; en particulier des mendiants et des vagabonds comme disait le Code pénal napoléonien abandonné en 1994.

237) Aujourd'hui encore, soumissionner pour un marché public suppose de l'entrepreneur qu'il soit irréprochable relativement à ses obligations

instruction ont par ailleurs pu suffire à compenser le défaut de fortune (238).

Cela veut dire qu'une sorte de permis de voter était en définitive reconnu aux hommes en mesure de soupeser les enjeux d'une consultation démocratique, et donc susceptibles de s'interdire l'absentéisme électoral. Il n'empêche que la carte d'électeur semble constituer un permis de voter ; un permis refusé tant aux étrangers (surtout hors U.E.) qu'aux mineurs et aux repris de justice (239).

La seconde exclusion (fondée sur la minorité civile) pousse à se demander en quoi, par exemple, un analphabète de 50 ans serait plus à même de comprendre les tenants et les aboutissants d'une élection ; par exemple en comparaison d'un bachelier de 15 ans, lequel sera (par définition) surdoué.

---

sociales et fiscales. Par exemple, des attestations fiscales et des attestations sociales sont prévus aux articles R1263-12, D8222-5 ou D8222-7 ou D8254-2 à D8254-5 du Code du travail.

238) Marie PERRET et Catherine KINTZLER, Condorcet, L'instruction publique et la naissance du citoyen. Éditions Minerve, 2015, 156 p., Humanisme, 2016/1 (n° 310), p. 112-113. DOI : 10.3917/huma.310.0112. Encore que l'impôt ait parfois été payé en nature, par l'accomplissement de corvées.

239) Les peines complémentaires (à l'emprisonnement et à l'amende) consistent en la perte ou en la suspension de droits de : conduire des voitures ; émettre des chèques ; élire des candidats ; diriger des entreprises ; être tuteur d'incapable ; être juré d'assises, etc. Le législateur décide d'ôter au délinquant une ou plusieurs choses auxquelles celui-ci est censé tenir. Mais il est douteux que l'empêcher d'accomplir son devoir civique soit une gêne véritable pour l'asocial. Par ailleurs, ne jamais inclure d'anciens condamnés dans les jurys d'assises, c'est se priver du point de vue (de l'éclairage) de connaisseurs de la vie marginale et illégale.

13. – La discrimination à l'égard de beaucoup d'étrangers en matière d'accès au vote.

Le vote des étrangers pourrait être admis (plus largement), au regard de leur contribution forcée au financement des caisses de la Nation. En outre, leur possibilité de voter se comprendrait du fait qu'ils soient soumis au droit positif ; ou encore compte tenu du souci humaniste de permettre à tous de consentir à l'impôt et aux lois par l'intermédiaire de représentants qu'ils auront élus.

Ces arguments sont accueillis (dans une certaine mesure), pour les ressortissants de l'Union Européenne, seulement pour la matière municipale (240).

---

240) Le droit de vote a été reconnu aux ressortissants de l'Union européenne pour quelques élections politiques locales. La controverse n'avait cependant pas manqué au préalable : « *La question du droit de vote des étrangers semble être désormais fermement résolue par le droit constitutionnel positif depuis que le Conseil constitutionnel, dans sa décision du 9 avril 1992, a jugé contraire à la Constitution (et plus particulièrement à son art. 3) la clause du Traité de Maastricht accordant le droit de vote aux membres de la Communauté économique européenne dans les élections municipales françaises. Cette dernière décision rend d'autant plus nécessaire une comparaison avec la double décision de la Cour constitutionnelle de Karlsruhe en date du 30 octobre 1990. Celle-ci, qui est la première décision prise par un juge constitutionnel européen sur la même question, a mis fin à une querelle doctrinale assez vive* » (Olivier BEAUD, Le droit de vote des étrangers : l'apport de la jurisprudence constitutionnelle allemande à une théorie du droit de suffrage, *RFDA* 1992. 409). « *Les Pays-Bas ont opéré une [...] révision en 1983 et ont envisagé une extension du droit de vote des étrangers aux élections provinciales et nationales. Le vote des étrangers aux élections locales est acquis au Danemark et en Irlande, depuis le début des années 80* » (Yves GAUDEMET et Bernard MALIGNER, *Encyclopédie des collectivités locales* / Chapitre 1 - Élections locales : droit de suffrage Coll. loc., Août 2007).

Paradoxalement, les élections professionnelles désavouent cette discrimination, laquelle est en définitive inhérente aux élections politiques nationales. Cela dit, dans le cadre de la démocratie sociale (professionnelle), et à l'instar de leurs camarades de nationalité française, les travailleurs étrangers traînent les pieds pour se rendre aux urnes (241).

Ces étrangers se révèlent ainsi donc tout aussi absentéistes. Il est vrai que dans leur vie quotidienne, de tels électeurs d'origine allogène (surtout non caucasiens) souffrent de discriminations et de stigmatisations qui, sans doute, les dissuadent de s'impliquer sereinement dans les palabres de la cité (242).

14. – L'absentéisme des politiciens et des syndicalistes en contrepoint de l'indifférence des populations.

Aller voter n'exige jamais du citoyen qu'une demi-journée d'efforts ; tout au plus. Pour sa part, un candidat élu, souvent pour œuvrer bénévolement, s'exposera longtemps à de tracas réguliers. Il y aura d'abord l'agressivité et l'ingratitude des concitoyens (243).

Puis peut-être leurs les instances hôtes ne respecteront-ils pas toujours un calendrier et des horaires décents. Oui, il n'est pas

241) Il y a une « *forte abstention aux élections professionnelles* », rappellent les annotateurs de l'article L2232-10-1 du Code du travail Dalloz.

242) Effectivement, le scepticisme politique et le dégoût à l'égard des élus se meuvent parfois en franche hostilité. Une hostilité qui se traduit dans les paroles (réseaux sociaux ; bousculade d'élus), ou se traduit par des gestes (graffitis, incendie ou saccage de permanences, etc.).

243) « *Les bénévoles peuvent exposer, dans le cadre de leur activité associative, des frais kilométriques par l'utilisation de leur véhicule personnel* » (Rudi FIEVET, Frais kilométriques des bénévoles - Remboursement ou renonciation ? JA 2021, n°646, p.37).

rare que ces instances siègent en soirée, ainsi que pendant les weekends et les vacances scolaires. D'où finalement l'impossibilité pour l'élu de se retrouver à coup sûr dans son foyer, auprès de ses enfants et de son (ou de sa) partenaire de vie. Le préjudice alors enduré n'est même pas toujours compensé par une rémunération : la grandeur des élus de proximité découlerait de leur bénévolat sans calcul (244).

De fait, tel est le lot commun du syndicaliste et du conseiller municipal. Encore qu'ils bénéficient d'une auto-rémunération purement morale : la satisfaction (la fierté) d'œuvrer au profit de son groupe social, du reste peut-être indifférent (245). Dans ces conditions, il n'est guère étonnant que des élus démissionnent ou ne se représentent pas ; les candidatures se raréfient d'ailleurs au fil du temps (246).

La Revue de droit du travail offre par exemple ceci à la lecture : *« Dans les SIST [Services Interentreprises de Santé au Travail], le triste constat d'un absentéisme syndical majeur dans les instances de contrôle (commissions de contrôle) s'est pérennisé. La désertion de candidatures aux élections professionnelles dans la plupart des SIST conduit de grandes*

---

244) Au demeurant, lorsqu'à l'occasion de leur vie personnelle, notamment dans les affaires, l'ancien parlementaire ou l'ex-fonctionnaire indiquent leurs activités publiques passées, ils semblent alors commettre un délit. L'on lira avec intérêt : https://www.assemblee-nationale.fr/dyn/synthese/deputes-groupes-parlementaires/le-statut-du-depute.

245) « *[…] de nombreux salariés ont également une perception paradoxale des bénévoles, oscillant entre le positif, voire l'admiration en reconnaissant et louant leur dévouement, et le négatif, voire l'exaspération en se plaignant d'un manque de régularité ou de fiabilité de leur engagement* » (François MAYAUX, Entre idéal et lucidité, JA 2014, n°499, p.19).

246) Or il convient parallèlement convaincre les femmes à se porter candidates, en vue de faire vivre le principe de parité politique entre les femmes et les hommes.

confédérations syndicales comme la CGT à n'avoir que peu d'élus du personnel » (247).

15. – L'indifférence compréhensible du nombre de votants à des élections municipales.

À une époque (mars 2020) où étaient mal connus les modes de transmission et les méthodes de lutte contre la Covid-19, encore plus d'électeurs n'auront pas rejoint les bureaux de vote à l'occasion des élections municipales de cette année-là. En l'occurrence, il s'agissait d'un scrutin de listes à un tour, ou bien deux. Un seul tour si l'une des listes de la commune réunissait la majorité absolue en sa faveur. En pratique, des dizaines de milliers de seconds tours devaient avoir lieu la quinzaine suivante à travers la France (248).

Toutefois, à cause de la pandémie, une loi du 29 mars 2020 aura décidé leur report au mois de juin. Traditionnellement, la distance entre les deux tours est nettement plus courte (15 jours). Il se posait du reste un problème de plus : le sort à

247) Paul FRIMAT et François GUILLON, La médecine du travail est-elle menacée ?, *Revue de droit du travail* 2011 p.86. Ce sont des professeurs de médecine, actifs dans « *Sauvons la Médecine du Travail* ».

248) Les dates alors retenues étaient les dimanches 15 et 22 mars 2020. Le choix d'un scrutin plutôt dominical vise à faciliter la participation des électeurs, lesquels ne travaillent pas ce jour, et ne risquent donc pas une retenue sur salaire en s'absentant momentanément de leur travail. C'est vrai que pour se justifier d'avoir raté leur devoir civique, quelques travailleurs auraient pu invoquer le dilemme entre leur lieu de travail et l'isoloir électoral. En revanche, les élections professionnelles se déroulent en semaine. C'est alors l'employeur qui prend en charge le temps ainsi éventuellement perdu. Sa perte est minimale compte tenu de l'absentéisme électoral ; à moins que les salariés vaquent à d'autres occupations durant le créneau destiné au vote.

réserver aux listes déjà déclarées victorieuses à l'issue du premier tour. Surtout que, compte tenu d'une aggravation de l'absentéisme habituel, ces listes auront souvent été élues par trop peu d'électeurs.

La législation (alors rendue nécessaire par la situation) a décidé qu'il n'y avait pas à y revenir. Justement, lors de la vérification de la constitutionnalité de la loi en question, le Conseil constitutionnel aura confirmé tant le report que les résultats des listes déjà déclarées gagnantes (249). Dans ces circonstances, le Conseil d'État (15 juillet 2020) aura pareillement confirmé un jugement du tribunal administratif de Caen, lequel s'était aussi prononcé de façon identique (250).

Les requérants s'imaginaient que l'annulation devait à coup sûr sanctionner une élection dont le taux d'abstention avait dépassé la moitié du corps électoral (en l'espèce 56,07 %). Dans l'affaire litigieuse (Commune de Saint-Sulpice-sur-Risle dans l'Orne), les élus (majorité et minorité) du conseil municipal (pour 2020-2026) doivent ainsi se réclamer d'une légitimité issue de moins que 44 % des suffrages exprimés (251). Cela ne devrait pas pour autant les empêcher d'être

---

249) CONSEIL CONSTITUTIONNEL, Décision du 17 juin 2020, n° 2020-849 QPC.

250) CONSEIL D'ÉTAT, 15 juillet 2020, n° 440055, élection de la Commune de Saint-Sulpice-sur-Risle dans l'Orne. Les décisions du Conseil constitutionnel ne sont pas susceptibles de recours. Elles s'imposent à tous dans la République, notamment aux trois pouvoirs : législatif, exécutif juridictionnel (Constitution, article 62).

251) Une polémique récurrente porte sur le fait que les pouvoirs publics (en particulier le ministère de l'Intérieur) ne favorisent pas le vote à distance. Ces autorités répondent préférer la sécurité des élections à la fraude électoral probable. C'est d'ailleurs pour cette raison que le vote par correspondance aura fini par être exclu. S'agissant du vote électronique, les élections présidentielles américaines de l'année 2000 (Al Gore contre Georges Bush fils) ont montré qu'il convenait de s'en méfier.

d'excellents représentants pour la défense des intérêts de la commune et de ses habitants.

16. – La légitimité des élus politiques en dépit de l'absentéisme électoral.

Le législateur fait peu de cas des votes blancs ; sinon il devrait les intégrer dans les suffrages exprimés. Auquel cas le déficit d'onction populaire des élus (et leur insuffisance de légitimité) se trouverait accentué. Or, en cas de vote blancs, des électeurs se seront déplacés, mais auront été déçus par le profil des candidats offerts à leur choix. Cette analyse n'est pourtant pas unanimement partagée.

Par exemple, un auteur rassure en ces termes : *« Ce qui rend l'élection des représentants, et le régime représentatif, légitime, ce n'est pas tant le nombre de voix obtenues par les élus que le fait que la possibilité de se présenter aux élections soit ouverte au plus grand nombre et que les candidats soient traités de façon équitable »* (252). Dans le même sens, une auteure écrit que : *« Le niveau de l'abstention, même très important, ne peut donc remettre en cause les résultats du scrutin dès lors qu'il a été sincère »* (253).

En ce qui les concerne, et après avoir rappelé le caractère satisfaisant de toute majorité en politique, deux éminents professeurs de droit commercial plaident pour la transposition de cette philosophie dans le fonctionnement des sociétés. La raison est que *« toute autre solution risquerait de jeter le*

---

252) Jean-Pierre GRANDEMANGE, La reconnaissance du vote blanc : une réforme inachevée ?, *La Semaine Juridique Administrations et Collectivités territoriales* n° 46, 17 novembre 2014, 2319.

253) Anne-Sophie JUILLES, Les élections municipales de 2020 à l'épreuve de l'abstention, AJCT 2020. 581.

ISSN 3096-8152

trouble dans l'élaboration des décisions collectives et entretiendrait un climat délétère autour de toute votation. Il n'y a pas de raison de procéder autrement dans les délibérations sociales » (254).

C'est vrai que la sécurité juridique incite à l'adoption de ce principe simple et prévisible (255). Selon cette logique, la faiblesse du nombre d'électeurs n'enlèverait pas non plus à un syndicat le droit d'avoir des délégués pouvant siéger valablement (256).

---

254) Paul DIDIER et Philippe DIDIER, Droit commercial, t. 2, Les sociétés commerciales, Corpus Droit Privé, Économisa, 2011, n°373. Au total, les résultats constatés ne devaient pas pouvoir être contestés au prétexte de la pluralité des personnes ayant préféré bouder les urnes, ou ayant préféré voter pour le futur perdant.

255) Le motif impulsif et déterminant du vote de chacun doit demeurer indifférent. Sauf peut-être dans l'hypothèse massive et avérée de consentements viciés par la violence. Et le dol ? La réponse est que les candidats se doivent de rendre leur programme attrayant par des affirmations dithyrambiques. Au demeurant, dit-on, « *les promesses électorales n'engagent que ceux qui veulent bien y prêter foi* ». Curieusement, le Code électoral interdit aux candidats (qui auraient de l'argent) de s'offrir de la publicité dans les médias (Sophie-Justine LIÉBER et Damien BOTTEGHI, Le contentieux des élections municipales de mars 2008, *AJDA* 2009. 1302).

256) Par exemple, dans une entreprise, il fallait élire les délégués (titulaires) du personnel. Une seule liste était en lice. En l'hypothèse, les sièges prévus devaient-ils tous lui être attribués ? Précisions utiles : les votes valables excédaient la moitié du nombre des électeurs inscrits, mais le quorum prévu par la loi était atteint. Or, l'un des deux candidats de cette liste unique n'avait pas obtenu la majorité des voix. La réponse de la Cour de cassation aura été l'attribution intégrale (CASS. SOC., 6 mai 1985, Sté Palais de l'automobile, pourvoi contre Trib. inst. de Creil, 6 juillet 1984).

17. – Le bénéfice des gains d'une lutte syndicale même par les non-syndiqués.

À l'instar de l'action politique, le syndicalisme souffre d'attentes consuméristes de la part des syndiqués et des sympathisants. C'est par exemple sans vergogne que ces derniers campent dans les antichambres des syndicats, au cas de contrariété dans l'emploi, et au cas de besoin d'un soutien moral ou procédural. À cet égard, les organisations syndicales consacrent une grande part de leur temps à sauvegarder l'intérêt individuel des uns et des autres, plutôt que l'intérêt collectif de l'ensemble des travailleurs à la fois (257).

Certes, en pays étranger, l'attrait d'un syndicat dépend largement de *« sa capacité à fournir des avantages tangibles et exclusifs à ses membres »* (258). En France toutefois, de tels avantages sont accessibles à n'importe quel travailleur, même s'il n'a jamais eu à prendre part (même de loin) à la vie du syndicat. On comprend dès lors que nos travailleurs n'aient souvent qu'un regard critique ("*d'enfants gâtés*") sur les syndicats et le syndicalisme.

Et dire que ces organisations seraient plus fortes et plus crédibles si elles apparaissaient davantage représentatives... Tel serait le cas si les travailleurs voulaient bien se ruer vers les urnes qui recueillent les suffrages nécessaires aux candidats à des mandats destinés à la défense bénévole de tous. Mais hélas, l'on finit par s'accommoder de *« l'absentéisme syndical, aussi*

---

257) Le professeur de droit du travail subdivise son enseignement selon cette dichotomie entre l'individuel et le collectif. Il utilise souvent plus temps pour celui-là au détriment de celui-ci. Le droit collectif du travail est mieux enseigné dans les formations où un semestre spécifique lui est consacré.

258) Jean-Michel BERTHELOT, Olson Mancur (1932-1998), *Encyclopædia Universalis* [en ligne], http://www.universalis-edu.com/encyclopedie/mancur-olson/

ISSN 3096-8152

largement condamné que massivement pratiqué » (259). Heureusement, quelques mécanismes aident à ne point sombrer complètement dans le désespoir.

II. – *Le dépassement de l'indifférence des électeurs sollicités*

21. – L'efficacité et la légitimité même sans l'élection.

Partout où ils ont existé, les CHSCT auront laissé un bon souvenir, empreint d'écoute et d'efficacité. Aussi une certaine incompréhension aura-t-elle pointé à l'occasion de leur fusion-absorption dans le Comité Social et Économique (CSE) naissant.

En tous cas, aucun CHSCT ne tirait, « *comme d'ordinaire, sa légitimité de l'élection* » (260). En effet, leurs membres étaient « *désignés* » (261). De même, parmi les éléments nouveaux du droit de la représentation, (il) se dégage une instance nouvelle et originale : « *les représentants de proximité* ». Les auteurs ne manquent pas de relever que ses membres « *ne sont pas en principe élus mais désignés* » (262).

Sans doute leur légitimité viendra-t-elle d'une autre source : la proximité. C'est plus précisément « *la légitimité gagnée à représenter des salariés que l'on connaît* » (263). Par

---

259) Idem.

260) Stéphanie GUÈDES DA COSTA et Grégoire LOISEAU, Les représentants de proximité, *BJT* sept. 2018, n° 110b1, p. 60.

261) En application de l'ancien article L4612-1 du Code du travail.

262) Stéphanie GUÈDES DA COSTA et Grégoire LOISEAU, précités. Par ailleurs, il ne pourra y avoir de tels représentants dans une entreprise que si un accord collectif les a prévus.

263) Dans le cadre d'une enquête de terrain, un délégué syndical aurait raconté que : « *les gens sont plus ouverts à rapporter leurs problèmes à quelqu'un*

conséquent, les risques inhérents à l'absentéisme du corps électoral n'existeront pas ici.

22. – La légitimité des juges au regard de leur finalité démocratique.

Une question se pose parfois plus ou moins franchement : celle de savoir si les juges sont légitimes à s'immiscer dans l'activité des élus, à commencer par les campagnes électorales de ces derniers. Répondant eux-mêmes à la question, des magistrats soutiennent que malgré leur modalité d'accès à la fonction juridictionnelle, ils auraient une place fondamentale dans l'existence même de la démocratie. Ils précisent en outre que l'on ne saurait *« balayer la séparation des pouvoirs et l'indépendance des juges au nom d'une légitimité électorale présumée souveraine »* (264).

Estimant lui aussi que la légitimité ne résulte pas que de l'élection, le président de la République était allé en assurer les hauts magistrats français, lors de l'une de leurs rentrées solennelles. Il aura alors proclamé que : « *La légitimité de la justice en France trouve sa source dans l'indépendance et elle doit pouvoir s'affirmer. [...]. L'indépendance implique une*

---

qu'ils connaissent ». Cf. Jérôme PÉLISSE et Cyril WOLMARK, (https://www.strategie.gouv.fr/sites/strategie.gouv.fr/files/atoms/files/rapport_le_representant_de_proximite_une_figure_au_coeur_des_enjeux_de_la_nouvelle_representation_des_salaries._irerp_cso_0.pdf).

264) Denis SALAS, Du procès politique au procès Politis, La Semaine Juridique Edition Générale n° 42, 14 octobre 2019, 1039. L'auteur dit par ailleurs que : « *En réalité, la révélation de la corruption politique ces dernières années a brisé la fiction d'une élite vertueuse incarnant la volonté du peuple* ».

responsabilité propre et n'interdit pas l'articulation voire la relation des pouvoirs entre eux » (265).

Les mauvaises langues prétendront que cette légitimité (autosuggérée) des magistrats renvoie à une sorte de noblesse de robe ; ou bien au gouvernement des juges. Par exemple, l'on sait que : « *Le nouveau gouvernement des juges dont parle Pierre-Yves Gautier est celui des juges supranationaux et des autorités administratives indépendantes qui exercent chacun un pouvoir normatif* » (266).

Selon un autre auteur, « *On veut croire qu'une cour suprême ne fait qu'appliquer le droit, même s'il lui faut parfois aussi le « dire ». Personne n'admettra que les juges suprêmes se déterminent en fonction de leurs opinions politiques, religieuses ou personnelles. Il faut donc croire qu'indépendamment des textes constitutionnels (qui ne sont qu'une loi supérieure aux autres), il existe dans une sorte de Cloud juridique des principes généraux, des droits et des libertés fondamentales (qui évolue avec le temps) et ce qui s'en rapproche le plus c'est l'insaisissable droit naturel supposé universel. Le problème est qu'il n'y a pas d'accord sur son contenu et même que les désaccords sont déchirants. Même le faisceau des droits humains n'est pas unanimement admis surtout hors de l'Occident* » (267).

Tout cela invite à s'interroger sur les motifs impulsifs et déterminants de l'entrée en magistrature. À cet égard :

---

265) (Cour de cassation (rentrée solennelle, 15 janv. 2018), Indépendance et effectivité : les enjeux de la justice pour Emmanuel Macron, La Semaine Juridique Edition Générale n° 4, 22 janvier 2018, 95).

266) Frédéric ROUVIÈRE, Le nouveau gouvernement des juges, RTD civ. 2022. 504).

267) Hervé CROZE, Gouvernement des juges ou gouvernement du droit ? Procédures n° 8-9, Août 2022, repère 8).

« *Intimement, secrètement, pudiquement, chacun.e peut répondre pour lui-même : pourquoi veux-je faire profession de magistrat ? Pourquoi me faire le serviteur de la justice ? Comment se préparer intérieurement à endosser l'habit qui habilite à faire justice, c'est-à-dire se préparer à rentrer dans le métier ?* » (268).

23. – Le sort des désignations et décisions d'élus ultérieurement désavoués par les urnes.

Que doivent devenir les membres d'une instance dont l'entrée en fonction aura dépendu d'un syndicat qui, désormais, a cessé d'être représentatif ? Ces représentants semblent fondés à poursuivre leurs missions, lesquelles sont d'ailleurs plus ou moins juridiquement neutres (269).

Autre question tout aussi prégnante : quel avenir donner aux conventions et accords signés par de telles organisations syndicales en définitive désavouées par la nouvelle élection ? Sans doute la sécurité juridique commande-t-elle d'acclimater en droit social un principe immémorial du droit international public. À savoir celui de la continuité de l'État.

En vertu de ce principe, les engagements pris par le Gouvernement précédent seront repris à son compte (et donc

---

268) Jean-Philippe PIERRON, II - Le poids de l'expérience - Les valeurs du métier de magistrat dans l'œuvre de justice, Les cahiers de la justice 2022. 87).

269) Sophie NADAL, Fluctuations de la représentativité syndicale et perturbations de la vie juridique des conventions et accords collectifs de travail, *Droit social* 2013 p.323.

appliqués) par le Gouvernement suivant (270). On pourrait illustrer la règle par cette idée que, par exemple, la France demeure (éternelle), alors que ses enfants passent et trépassent. La valeur juridique des contrats collectifs (conventions collectives et accords d'entreprise) ne pâtit normalement d'aucune caducité en conséquence d'un changement syndical (271).

Plus encore, le côté réglementaire des conventions collectives, ainsi que leur potentiel d'extension ministérielle (à d'autres que les signataires initiaux), justifieraient l'application de quelques principes du droit public (272). Déjà, la Cour de cassation juge que les dispositions d'un accord *« s'imposent de plein droit à tous en vertu de l'effet obligatoire de l'accord collectif et de ses annexes »* (273).

Les syndicats, dont les électeurs se seront détournés, conserveront donc une trace rémanente de leur légitimité d'antan ; durant un certain temps.

---

270) La continuité de l'État, qui est opposable entre États (indépendants et souverains) ne doit pas être confondu avec un principe de sonorité voisine : la continuité du service public. D'après ce dernier, la structure ou le mécanisme mis en place pour satisfaire un besoin d'intérêt général doit persister aussi longtemps que dure le besoin en question. Quitte à s'adapter chaque fois que nécessaire. Nul n'a vocation à exiger l'immutabilité du service public. Il y a en effet un principe d'adaptation du service public.

271) Un slogan giscardien célèbre parlerait ici de continuité dans le changement.

272) D'une part, la continuité de l'État ; d'autre part, les modifications et abrogations de textes dans le respect des trois parallélismes (de compétence, de procédure, de forme).

273) CASS. SOC., 28 mars 2018, pourvoi n° 16-21137.

24. – La légitimité décriée par les mauvais perdants de l'élection présidentielle.

À un mois du scrutin pour la présidence de la République (mars 2022), le président du Sénat aura réalisé que la championne qu'il avait toujours soutenue échouerait probablement à figurer parmi les deux finalistes de cette élection majeure.

Dans ces circonstances, il a prétendu que la campagne électorale étant alors phagocytée par la pandémie de Covid-19, puis par la guerre en Ukraine, le président prochainement élu manquerait de légitimité. Son propos aura déçu et fâché ; ou seulement étonné (274). Certes, en 2017 déjà, LA FRANCE INSOUMISE maugréait que son candidat s'était placé à une coudée du second tour, et que le président élu (Emmanuel MACRON), dont il n'était pas vraiment loin (en nombre de voix) n'était finalement pas si légitime à appliquer son programme (275).

---

274) Interrogé lors de la présentation de son nouveau programme électoral, Emmanuel Macron a paraphrasé un essai récent en disant que : « *Un président du Sénat ne devrait pas dire ça* ». C'est vrai que celui-ci a vocation à assurer (pendant trois mois) l'intérim du Chef de l'État désormais dans l'impossibilité de poursuivre son mandat. C'est ainsi qu'en attendant l'élection de Georges Pompidou, Alain Poher avait remplacé le général de Gaulle, démissionnaire. Ce président du Sénat a de nouveau assuré les fonctions suprêmes en attendant l'élection de Valéry Giscard d'Estaing, lors du décès prématuré de Georges Pompidou. Dans ces divers cas, la légitimité du remplaçant été à rechercher, non pas dans l'élection, mais plutôt dans la solidité des institutions de la Cinquième République.

275) En devenant cette fois troisième, c'est-à-dire encore plus proche des deux finalistes, Monsieur Mélenchon et ses soutiens auraient pu se montrer plus amers. Cela ne semble pas avoir été le cas immédiatement. Peut-être auront-ils compris qu'au second tour ils auraient manqué des reports favorables de voix, indispensables à une victoire.

D'ailleurs, à la même époque, plusieurs personnalités de Droite s'étaient autorisées à soutenir que les juges et la presse leur avaient volé la victoire (promise à François FILLON). Déjà, cinq ans plus tôt, Nicolas SARKOZY (président sortant) avait distillé l'idée qu'avec deux semaines supplémentaires de campagne électorale, c'était lui, plutôt que François HOLLANDE, qui aurait alors été élu. Bref, ce dernier serait devenu anormalement président de la République.

L'idée du défaut de légitimité s'était aussi insinuée dans l'esprit des gens de Gauche en 2002. Car Lionel JOSPIN (qui avait un bon bilan économique) avait néanmoins été éliminé. À l'époque, la presse n'en finissait pas de monter en épingle le *« sentiment d'insécurité »*. Cela étant, même le général DE GAULLE n'aura pas toujours semblé légitime à son principal opposant (François MITTERRAND), lequel aura gravé cette détestation dans un pamphlet célèbre : *« Le coup d'état permanent »* (276).

En résumé, l'élection ne préserve pas du reproche d'insuffisante légitimité (277). Et dire qu'il faut tant d'efforts matériels et humains pour organiser des élections ; même lorsque grand monde ne vient voter.

---

276) François MITTERRAND, Le coup d'état permanent, Plon, 1964.

277) On notera que c'est par 350 voix pour et 161 contre que l'Assemblée nationale aura donné au général de Gaulle (dernier président du Conseil des ministres sous la Quatrième République), le mandat (3 juin 1958) de préparer la Constitution qui devait instaurer la Cinquième République. Ce qui représentait une majorité de 68,49 %. Pour sa part, le maréchal Pétain, appelé à mettre fin à la Troisième République, n'aura pas eu à rougir du pourcentage de l'Assemblée nationale qui, à son époque (10 juillet 1940), lui aura conféré les pleins pouvoirs. À savoir 62,73 %. Attention, l'expression Assemblée nationale (chambre des députés et Sénat) avait alors le sens que l'on donne désormais au terme Congrès (l'Assemblée nationale plus le Sénat).

25. – La légitimité par le bénévolat de l'intervention.

Le concept de légitimité renvoie par ailleurs à un individu particulièrement soucieux de l'intérêt général ; c'est-à-dire à une personne la moins à l'écoute de ses propres intérêts, ou bien à l'écoute de ceux de ses parents, amis et connaissances. À cet égard, la boussole guidant chaque élu devrait être d'occuper « *un poste pour servir, et non pas pour se servir* ».

Le doute sur cet état d'esprit était moins grand à l'époque où presque tous les élus œuvraient bénévolement aux destinées soit de la collectivité nationale (députés et sénateurs), soit d'une collectivité communale ou départementale (conseillers communaux et maires ; conseillers généraux et président du conseil général). En ce temps-là, seuls les bourgeois et les propriétaires terriens (vivant de leurs rentes) pouvaient gérer une collectivité locale sans (besoin de) rémunération.

Ils pouvaient pareillement aller débattre, par bienfaisance, dans l'une de nos deux assemblées parlementaires parisiennes (278). Puis, progressivement, des candidats pauvres ont eux aussi pu se présenter aux élections municipales et aux élections parlementaires (279). Il se trouve que, finalement,

---

278) Si les députés et les sénateurs gagnent aujourd'hui plus qu'un professeur des universités, en revanche les conseillers départementaux et régionaux perçoivent à peine 2000 € environ ; selon le nombre d'habitants de leur circonscription. En revanche, les conseillers municipaux sont des bénévoles qui œuvrent autour d'un maire dont l'indemnité atteint d'ailleurs péniblement le SMIC.

279) « *Ce mouvement de recul des notables, héritiers de charges politiques en vertu de la tradition et les exerçant à titre (quasi) honorifique compte tenu de leur fortune personnelle, est permis par le développement de mécanismes institutionnels de financement des activités politiques, organisations*

une rémunération avait été prévue, par sollicitude pour ces candidats sans fortune personnelle ou familiale. Par conséquent, beaucoup d'entre eux sont passés d'une vie modeste à une vie confortable, voire opulente (280).

Bien sûr, l'exercice de la vertu et/ou d'une activité gratuite pour autrui se révèlent plus facile si l'on dispose d'une certaine aisance matérielle (281). Mais encore une fois, la quête patrimoniale demeure presque toujours secondaire chez le dirigeant politique et chez le syndicaliste. En effet, tous deux brûlent surtout de l'envie de faire triompher leur vision du monde et des rapports sociaux (282).

---

partisanes, fonctions électives, institutions de représentation » (Didier DEMAZIÈRE, La professionnalisation, une notion polysémique, Droit social 2016. 116).

280) Ce sont néanmoins des honnêtes gens. En effet, seulement une infime minorité d'entre eux n'alimentent pas la caisse commune par leurs impôts ; ou bien se servent dans cette caisse ; ou encore perçoivent des dessous de table. Ce sont les situations délictuelles de la corruption, de la prévarication, de la rétro-commission.

281) Du reste, personne ne doute sérieusement qu'un représentant doive arborer une mise agréable à la vue. Car nul n'aimerait être représenté par un va-nu-pieds, ou encore par un miséreux dormant sous les ponts, et fouillant dans les poubelles pour obtenir son pain quotidien. D'où le concept de frais de représentation. Enfin, si l'habit ne fait pas le moine, c'est néanmoins le plumage qui fait le bel oiseau.

282) En vérité, les dirigeants politiques s'épanouissent davantage en imposant à leurs concitoyens le présent et le futur dans lesquels ceux-ci vivront. Ils rêvent que leur point de vue devienne la loi commune applicable à tous. L'argent et le confort matériel n'existent parfois nullement dans leur Panthéon. En résumé, « *[...] ils ne se revendiquent pas comme des professionnels, exerçant un travail qui réclame rémunération. Ils qualifient leurs activités, sous l'angle du dévouement à la chose publique, d'un honneur qui n'a pas à être salarié, de l'exercice d'une vocation ou d'un art* » (Didier DEMAZIÈRE, La professionnalisation, une notion polysémique, *Droit social* 2016. 116).

26. – L'inutilité du quorum lors du second tour de l'élection professionnelle.

Dans les élections professionnelles, l'exigence d'un quorum ne concerne que le premier tour du scrutin. C'est alors seulement que l'absentéisme des électeurs apparaît pénible. Concrètement, le quorum est atteint du moment que, dans le collège électoral considéré, les votants sont en nombre supérieur à la moitié des inscrits (283). L'on surmonte ainsi l'indifférence ou l'inertie de l'électorat. Comme dirait la Cour de cassation (20 décembre 2006), *« lorsque le quorum n'est pas atteint, par définition le nombre de suffrages exprimés est inférieur à la moitié du nombre d'inscrits »* (284).

Au demeurant, il y a plusieurs scrutins distincts lors des élections professionnelles. D'abord, dans chaque collège ; ensuite, dans chacun de ceux-ci l'on vote pour les titulaires, puis pour les suppléants. Le défaut de quorum n'affectera ainsi éventuellement qu'un collège, et peut-être seulement l'une des élections de ce collège. Lorsque plusieurs listes sont en lice, il est manifeste que celle d'entre elles qui aura remporté le plus de voix pèsera alors (démocratiquement, syndicalement) plus lourd que ses concurrentes.

---

283) « *Le nombre de votants est défini à partir des bulletins obtenus par les listes en présence mais il s'agit des suffrages valablement exprimés. Cela signifie que ne sont pas comptabilisés les bulletins blancs ou nuls ainsi que les bulletins panachés* » (Pierre-Yves VERKINDT, Une étrange équation : absence de quorum au premier tour des élections professionnelles = carence, Droit social 2007. 453).

284) Communiqué de la Cour de cassation à propos de son arrêt du 20 décembre 2006, arrêt ADECCO.

ISSN 3096-8152

Encore que ce résultat ne signifiera nullement que cette liste gagnante disposera de la majorité des salariés pour elle. Plus précisément, ayant en tout et pour tout les suffrages d'une minorité, une telle liste sera porteuse d'une majorité plutôt fragile. Du moins *« au regard de la finalité même de la loi »*, ajouterait aussitôt la Cour de cassation (285).

27. – L'époque idéale d'appréciation du poids électoral respectif des syndicats.

Compte tenu de la possibilité de deux tours de scrutin, à quel moment doit-on apprécier le poids respectif des syndicats fonctionnant dans une entreprise ? Est-ce à l'issue du premier tour, ou plutôt à l'issue du second ? En bonne logique, c'est aussitôt après le tour initial ; car c'est alors que les syndicats sont seuls en concours entre eux. On sait qu'au second, des candidats libres peuvent se présenter.

Cela étant, pourquoi chercher à savoir ce que pèse chacun des syndicats d'une entreprise donnée ? Réponse : Pour s'assurer de leur légitimité respective à représenter les salariés lors de la conclusion de contrats collectifs (286).

Curieusement, la Cour de cassation avait cru pouvoir juger que le décompte était malvenu en cas de défaut de quorum lors du premier tour (287) ; à l'instar de l'hypothèse où il y aurait

---

285) Communiqué de la Cour de cassation à propos de son arrêt du 20 décembre 2006, arrêt ADECCO.

286) Cette expression de contrat collectif renferme à la fois les conventions collectives et les accords d'entreprise. C'est ici la résurrection d'une expression courante dans le premier *Traité de droit du travail* proposé par le professeur Paul Durand.

287) CASS. SOC., 18 mars 1982, n° 81-60.871.

carence (de candidats). Pour sortir de cette impasse née du refus jurisprudentiel du décompte, l'on pouvait conférer une valeur chiffrée au second tour.

Mais en prenant la précaution de passer sous silence la performance des candidats indépendants (288). Le législateur a fini par s'en préoccuper, pour consacrer la solution que déjà le bon sens prescrivait. Quoiqu'il en soit, l'absentéisme des électeurs pose problème pour la détermination de la représentativité syndicale.

28. – Les limites de l'exigence de parité aux élections professionnelles.

Les syndicats ont un monopole de présentation des candidats aux élections professionnelles (289). Ce sont des élections de listes (notamment pour le CSE) avec respect du principe de parité femmes-hommes (290). Ceux qui veulent présenter une liste se trouvent ainsi confrontés à la nécessité de convaincre des femmes pour qu'elles candidatent ; puis le corps électoral, pour qu'il daigne prendre part au vote.

---

288) CASS. SOC., 20 décembre 2006, arrêt ADECCO, pourvoi n° 05-60345, Bulletin 2006 V N° 399 p. 386.

289) Cette faveur (monopolistique) découle de la réunion préalable de bien de critères (Code du travail, art. L2314-30). En particulier d'être : en adéquation avec le champ professionnel et géographique de l'entreprise ; vieux d'au moins deux ans ; indépendant (politiquement et financièrement) ; scrupuleux à l'égard des valeurs républicaines (notamment de laïcité et d'égalité).

290) Cela revient à alterner progressivement femmes et hommes, jusqu'à l'éventuel épuisement de l'un des deux sexes avant la fin de la liste. Ce sont les ordonnances de septembre 2017 (modificatifs des articles L2314-26 et suivants du Code du travail) qui ont ajouté cette louable condition de parité.

Le monopole syndical est mis à l'écart si un second tour est rendu indispensable par une carence (défaut de candidats) ; ou bien par un défaut de quorum (participation de moins de 50 % des inscrits) ; ou encore par la subsistance de sièges à pourvoir. Lors du second tour ainsi rendu nécessaire (par l'absentéisme), des candidatures sans lien avec les syndicats peuvent alors librement se constituer.

Le cas échéant, indique la jurisprudence, sans condition de parité cette fois (291). La solution se comprend aisément : il ne faut pas exacerber le dédain du vote et l'absentéisme dont souffrent ces élections professionnelles par une complexification de leurs conditions.

29. – La soumission des élections professionnelles aux prescriptions du code électoral.

Une certaine dose de sérieux (voire de solennité) s'impose en matière de consultation électorale, même dans le cadre de l'entreprise. On le vérifie dans une affaire où la SOCIÉTÉ HAJAR RÉSEAUX (dix-neuf salariés) avait organisé l'élection des délégués de son personnel. Le premier et le second tour étaient prévus pour les 6 et 20 novembre 2015. Or des incidents électoraux ont par la suite été exposés à la justice par le syndicat CGT (292).

---

291) CASS. SOC., 25 novembre 2020, n° 19-60.222.

292) Cette désignation générique (la CGT) viole la réalité juridique. Dans les entreprises, et encore plus dans les localités, les structures syndicales sont des personnes morales autonomes qui se confédèrent volontairement à d'autres syndicats locaux ou d'entreprises pour constituer ensuite (de proche en proche, ou plutôt de plus en plus loin) une confédération nationale CGT, SUD, CFDT, etc.

L'une des ces irrégularités aura été l'édition d'un bulletin unique pour les deux listes de candidat (293). En clair, ce syndicat exigeait l'annulation des résultats. Pour le débouter, le tribunal d'instance de Schiltigheim aura retenu que : *« aucune des irrégularités dénoncées n'est susceptible d'entraîner l'annulation des élections »* (294).

Au contraire, selon la Cour de cassation (08 mars 2017), cette irrégularité *« était de nature à affecter la sincérité des opérations électorales et, s'agissant d'un principe général du droit électoral, constituait une irrégularité justifiant à elle seule l'annulation des élections »*. Ainsi donc, chaque liste concurrente devait pouvoir offrir un bulletin de vote personnel et distinct aux électeurs.

30. – La facilitation du quorum par considération des seuls suffrages exprimés.

Un accord d'entreprise majoritaire suppose la réunion de 30 % des voix. Le lecteur imparfaitement au courant des taux de participation relevés lors des élections professionnelles s'étonnera de la modestie du score ainsi exigé. Au contraire, le spécialiste redoutera qu'il ne s'agisse ici d'un pic (d'un cap) difficile à atteindre. Heureusement, l'exigence ne porte pas sur les inscrits (l'ensemble des salariés) mais seulement sur les suffrages exprimés (sans les blancs et les nuls).

---

293) Pourtant, cette façon de faire avait pour elle la sobriété écologique et l'efficacité pratique. D'une part en effet, l'on évitait la profusion de papiers inutiles. D'autre part, l'électeur pouvait disposer sur un support unique de l'ensemble des candidats, y compris ceux dont précisément il entendait biffer le nom. Car, semblant ne pas convenir comme représentants de salariés.

294) CASS. SOC., 8 mars 2017, pourvoi n° 16-60106.

Au fond, cela se ramène en définitive à 20 % environ des salariés ; c'est-à-dire que *« la majorité devient alors très relative »* (295). Par ailleurs, le référendum des salariés porte tantôt sur des personnes (les représentants à habiliter), tantôt sur des actes juridiques (les contrats collectifs à entériner). Cette seconde hypothèse d'une ratification concerne un texte convenu entre les délégués et l'employeur (296).

La ratification référendaire se rapporte parfois aussi à un texte unilatéralement élaboré par l'employeur. Une collaboration contestable pour une partie de la doctrine (297). La légitimité de l'accord d'entreprise s'impose toutefois si la (squelettique) majorité a été réunie.

31. – L'absentéisme aux élections professionnelles en formes de carence ou de défaut de quorum.

En juin 2021, la commission des affaires sociales du Sénat a adopté un rapport d'information qui faisait le bilan des réformes relative au dialogue social et à la négociation collective (298). C'est le RAPPORT PUISSAT. Selon celui-ci, des milliers d'élections au comité social et économique (CSE) se

---

295) Jean-Emmanuel RAY, L'accord d'entreprise majoritaire, *Droit social* 2009. 887.

296) La question de la légitimité se posera sans doute. Mais selon toute vraisemblance, l'accord sera légitime pour avoir été signé par des délégués eux-mêmes légitimes. Effectivement, seuls des signataires majoritaires auront pu signer un accord majoritaire (Gilles AUZERO, La légitimité intrinsèque de l'accord collectif et la règle majoritaire, *Droit social* 2018. 154.

297) Idem.

298) Un rapport sous la plume de la sénatrice Frédérique PUISSAT, http://www.senat.fr/rap/r20-722/r20-7226.html.

solderaient par des procès-verbaux de carence. Ainsi, en juin 2020, pour 81.371 CSE, les syndicats n'avaient pas réussi à convaincre suffisamment de salariés pour porter leur étendard dans 39.354 entreprises ; presqu'une fois sur deux.

Plus généralement dit la DARES, si près de 33 % de petites entreprises (effectif de 11 à 49) disposaient en 2018 de l'une des instances de représentation du personnel, 67 % n'y étaient pas arrivé (299). Cette désaffection a pu faire penser à la multinationale AMAZON que ses salariés des Amériques se satisfaisaient pleinement du seul face à face avec l'employeur, c'est-à-dire sans jamais l'intercession de syndicats (300).

---

299) « *Selon le comité d'évaluation des ordonnances de 2017, 86 % des carences d'élus au CSE sont en effet constatées dans des établissements de moins de 50 salariés* » (Frédérique PUISSAT, http://www.senat.fr/rap/r20-722/r20-7226.html.).

300) « *Amazon estime que le petit groupe de syndicalistes, qui a remporté un vote historique à New York la semaine dernière, a "menacé" les employés de son entrepôt pour les forcer à voter en faveur de la création d'un syndicat* » (https://www.lemonde.fr/international/article/2022/04/08/amazon-conteste-la-creation-de-son-premier-syndicat-aux-etats-unis_6121137_3210.html). Cela étant, « *Christian Smalls, le président de Amazon Labor Union (ALU), n'a pas réussi à convaincre les salariés du centre logistique LDJ5 d'Amazon, dans le quartier de Staten Island, à New York, de suivre l'exemple de son voisin, le centre JFK8. Les employés de LDJ5 ont voté à 62 % contre l'arrivée du syndicat sur leur site* » (https://www.lemonde.fr/economie/article/2022/05/02/amazon-la-creation-d-un-deuxieme-syndicat-dans-un-entrepot-a-new-york-echoue_6124507_3234.html). Plus généralement, l'on lira : Alexandre FABRE et Marie-Cécile ESCANDE-VARNIOL, Le droit du travail peut-il répondre aux défis de l'ubérisation ? Rev. trav. 2017. 166.

ISSN 3096-8152

32. – L’encouragement sénatorial des candidatures indépendantes des syndicats.

L’audience des syndicats conditionne (ou démontre) leur quantité de voix aux élections professionnelles. Or les chiffres publiés par le ministère du travail inquiètent plutôt. En effet, l’absentéisme électoral est massif, révélant en quelque sorte leur négligeable attachement aux syndicats. Par exemple, lors du cycle d’élections de 2017-2021 seulement 38 % des 5,4 millions de salariés auront bien voulu voter. Ce taux n’était déjà que de 43 % de participation lors du cycle précédent ; encore que le nombre potentiel d’électeurs (plus élevé) s’établissait alors à 5,6 millions (301).

Le syndicalisme n’a certes pas bonne presse dans notre pays. Aussi, selon un rapport sénatorial, les candidatures indépendantes (sans attache syndicale) devraient-elles être davantage promues ; surtout dans les petites entreprises (302). De la sorte, certains préjugés tomberaient ; tant chez les salariés que chez les managers.

Naturellement, il ne faut pas accabler et décourager les syndicats. Car dans certaines structures, ils sont dynamiques et bénéficient alors de la confiance des salariés. Voilà pourquoi *(de lege ferenda)* le protocole d'accord préélectoral ne devrait

---

301) C’est du moins le sentiment d’un DRH de firmes internationales auditionné au Sénat (Jean-Christophe Sciberras). Il aura notamment exercé les fonctions de DRH France de Solvay, puis de directeur des relations sociales du groupe Axa. Cf. rapport PUISSAT, précité.

302) « *La logique de cette réflexion n'est pas d'affaiblir davantage les syndicats, qui représentent des acteurs indispensables de la démocratie sociale. Dans les pays étrangers qui autorisent les candidatures tant syndicales que non syndicales aux élections des représentants du personnel, un tel effet n'a d'ailleurs pas été constaté* » (Frédérique PUISSAT, http://www.senat.fr/rap/r20-722/r20-7226.html).

écarter le monopole syndical de présentation que là où une telle confiance manquerait. Certes, un candidat indépendant rivalisera parfois d'audience avec un syndicaliste installé. Pour mieux s'en rendre compte, l'on pourrait prévoir leur parrainage par le corps électoral ; un peu comme à l'élection présidentielle (303).

Le Code du travail prescrirait donc leur soutien par un certain pourcentage des électeurs ; ou bien prescrirait l'atteinte d'un nombre donné d'électeurs (304). Le législateur pourrait en fait s'inspirer de ce qu'il a déjà prévu dans le Code de commerce, à propos de la représentation des salariés dans les conseils d'administration (305).

En tout état de cause, les syndicats doivent franchir le seuil de 10 % des suffrages exprimés afin que leurs délégués continuent de mener des négociations collectives. Ce taux, apparemment ridicule (ou raisonnable), se situe bien loin de la majorité, et plus encore de l'unanimité.

FIN DU DOCUMENT

---

303) En l'occurrence, les 500 signatures constituent un filtre à l'encontre des candidatures dont la pertinence ne s'impose pas immédiatement à l'esprit de tous.

304) Ce chiffrage (trop précis) s'imposerait mécaniquement même aux candidats d'entreprises aux faibles effectifs.

305) Code de commerce, article L225-28.

www.ingramcontent.com/pod-product-compliance
Lightning Source LLC
LaVergne TN
LVHW082231051026
849532LV00012B/3943
* 9 7 8 2 4 8 7 7 4 0 3 9 6 *

ISSN 3096-8152